ro
ro
ro

Über «Star Wars» lässt sich wunderbar philosophieren. Die Filme sind ein lustvoll-pubertäres Fantasy-Spektakel, ein bunter Mix aus unterschiedlichsten Einflüssen, und sie folgen erkennbar den Moden des jeweiligen Zeitgeistes. Gerade diese eklektische Vielfalt macht die Filmserie reizvoll und liefert beinahe uferloses Material für eine philosophische, kulturhistorische und politische Analyse. In «Star Wars» findet man für fast alles, worüber man nachdenken kann und möchte, einen Anhaltspunkt.

Dieses Buch will zeigen, wie viel Philosophie auch in der Populärkultur steckt und wie viel Spaß es machen kann, mit «Star Wars» über Heidegger, Augustinus, Lacan, den Taoismus, Wittgenstein, den Kapitalismus oder die Gender Studies nachzudenken. Denn auch die beste Theorie kommt nicht ohne Phantasie aus. Und kaum etwas beflügelt die Phantasie so sehr wie ein spektakuläres Weltraummärchen.

Dr. Catherine Newmark ist promovierte Philosophin und schreibt als Kulturjournalistin mit Schwerpunkt Film, Philosophie und Geisteswissenschaften für diverse Zeitungen und Zeitschriften. Beim Deutschlandradio Kultur ist sie als Autorin und Redakteurin tätig, beim «Philosophie Magazin» verantwortet sie die Sonderausgaben.

Catherine Newmark (Hg.)

VIEL ZU LERNEN DU NOCH HAST

Star Wars und die Philosophie

Rowohlt Taschenbuch Verlag

Dieses Buch ist in Zusammenarbeit mit dem «Philosophie Magazin» entstanden.

Die Fotografien entstammen dem Fotoprojekt «Dark Lens» von Cédric Delsaux.

Originalausgabe
Veröffentlicht im Rowohlt Taschenbuch Verlag,
Reinbek bei Hamburg, Dezember 2016
Copyright © 2016 by Rowohlt Verlag GmbH, Reinbek bei Hamburg
Fotos Copyright © 2016 by Cédric Delsaux
Umschlaggestaltung ZERO Werbeagentur, München
Umschlagabbildung FinePic®, München
Innengestaltung Daniel Sauthoff
Satz Enigma PostScript bei hanseatenSatz-bremen, Bremen
Druck und Bindung CPI books GmbH, Leck, Germany
ISBN 978 3 499 63234 1

Inhalt

Catherine Newmark
Einleitung 9

Ein moderner Mythos 13

Clotilde Leguil
Befreiung vom Übervater. «Star Wars» mit Lacan 15

Tobie Nathan
Per Zwölfzylinder durch die Galaxie. Der Mythos des
Fahrzeugs in «Star Wars» 21

Linus Hauser
Der Helden-Mythos und die Metaphysik der
Moderne 25

Die «Force» und die Jedi-Ritter 43

Tristan Garcia
Von Newton bis Yoda. Die «Force» zwischen
Philosophie und Physik 45

Baptiste Morizot
Priester für unsere Zeit. Der Jediismus als
postmoderne Religion 54

Catherine Newmark
«Der Weise aber ist frei von Emotionen ...»
Die Jedi als Stoiker 59

Alexis Lavis
Das Tao des Jedi-Ritters. Über den Einfluss
fernöstlichen Denkens auf eine Space Opera 68

Die helle und die dunkle Seite der Macht   83

Slavoj Žižek

Das böse Subjekt. Anakin Skywalkers Weg auf die
dunkle Seite   85

Alexandre Lacroix

Jedi-Meister Augustinus gegen Darth Faustus.
Der freie Wille gegen den Manichäismus   92

Wolfram Eilenberger

War Heidegger ein Sith? Ein Versuch über die dunkle
Seite der Macht   97

Frauen, Maschinen, Aliens – Die «Anderen» im «Star Wars»-Universum   107

Catherine Newmark

Ferne Galaxien ohne Frauen.
«Star Wars» feministisch gelesen   109

Yves Bossart

Wookiees verstehen – aber wie? Interstellare
Kommunikation mit Wittgenstein   123

Pierre Cassou-Noguès

Der Roboter als Komiker   129

Demokratie, Klassenkampf, Kapitalismus – Politik und Ökonomie in Republik und Imperium   137

Jörn Ahrens

Die Unmöglichkeit des Politischen. «Star Wars» und
die Politik des Heros   139

Nils Markwardt

Galaktischer Klassenkampf? Ökonomie und soziale
Frage in «Star Wars» **158**

Tomáš Sedláček

Der Glaube versetzt Sterne. «Star Wars» und die Logik
des Kapitalismus **178**

Hippies, Samurai-Filme und Überlicht-
geschwindigkeit – «Star Wars», die Zeit-
geschichte, die Wissenschaft **187**

Julian Baggini

Spätkapitalistische Supermarktspiritualität.
«Star Wars» als weltanschauliche
Frühstückspackung **189**

Thomas Groh

Play it Again, Ben! Zeit- und filmhistorische Bezüge in
«Star Wars» **198**

Harald Lesch & Harald Zaun

«Star Wars» und die astrobiologischen und
physikalischen Realitäten **217**

Dank **241**

Anhang **243**
Die Filme **245**
Autorinnen und Autoren **248**

Catherine Newmark

Einleitung

«*Don't call me a mindless philosopher!*»

C-3PO zu R2-D2 in *Eine neue Hoffnung*

Es war eine spezifische Szene in «Die dunkle Bedrohung», dem ersten Teil der sogenannten Prequel-Trilogie, die 1999 weltweit Entrüstung bei «Star Wars»-Fans auslöste: Jedi-Meister Qui-Gon Jinn entnahm Anakin Skywalker eine Blutprobe, um seine Vermutung, dass die Macht in Anakin besonders stark war, wissenschaftlich bestätigen zu lassen. Obi-Wan Kenobi legte die Blutprobe unters Mikroskop und stellte fest: Anakins Blut wies eine ungewöhnlich hohe Konzentration von «Midi-Chlorianern» auf. Und das bedeutete starke «Force»-Begabung.

George Lucas hatte sich in «Die dunkle Bedrohung» mit anderen Worten dem für die 1990er Jahre charakteristischen Glauben an die mögliche biologische Erklärung von allem und jedem angeschlossen. Ein Glaube, der durch das seit 1990 in den USA unter großer medialer Anteilnahme vorangetriebene Humangenomprojekt und durch den Aufstieg bildgebender Verfahren in den Neurowissenschaften maßgeblich befeuert wurde.

Die Fans der Serie waren mit der «Force» als geheimnisvoller, esoterischer, metaphysischer, spiritueller Macht vertraut, wie sie in den 1970er Jahren etabliert wurde, jenem Zeitalter also, das von fernöstlicher Spiritualität und ganzheitlichem Denken fasziniert war. Den Midi-Chlorianern, dieser Vernaturwissenschaftli-

9

chung des spirituellen Kernkonzeptes von «Star Wars», konnten sie wenig abgewinnen, und noch heute gilt sie unter Afficionados als der wahrscheinlich größte Fehltritt der Filmserie. Nicht zufällig hat der Regisseur der dritten Trilogie, J. J. Abrams, zwar respektvoll, aber doch bestimmt verlauten lassen, dass Midi-Chlorianer in den neuen Filmen nicht mehr vorkommen würden.

Lucas' Umschwenken von spiritueller zu naturwissenschaftlicher Erklärung der «Force» ist nicht nur mentalitätshistorisch interessant, sondern es weist auch ins Herz eines zutiefst philosophischen Spannungsfeldes. Es spiegelt uralte Fragen: ob nicht nur einzelne Menschen eine Seele hätten, sondern vielleicht auch die Welt insgesamt beseelt sei, ja, ob es überhaupt so etwas wie eine Seele gibt und ob diese nur in spirituellen Termini oder auch in naturwissenschaftlichen beschrieben werden könne.

Das Konzept der «Force» weist unzählige ideengeschichtliche Bezüge auf: Es lässt sich auf die «natürliche Religion» der Aufklärung zurückführen, wie Linus Hauser in diesem Band zeigt, man kann es mit dem Kraftkonzept in der Physik Newtons in Verbindung bringen, wie es Tristan García tut, man kann, wie es der Text über die Stoiker unternimmt, über seinen Zusammenhang mit der stoischen Weltseele nachdenken oder aber wie Alexis Lavis auf seine innere Verwandtschaft zu fernöstlichen spirituellen Konzepten wie dem Tao hinweisen.

Das kurze Beispiel zeigt: Über «Star Wars» lässt sich trefflich philosophieren. «Star Wars» spielt zwar nicht, das machen Harald Lesch und Harald Zaun in diesem Band deutlich, in der wissenschaftlichen Liga von «Star Trek», jener Science-Fiction-Film- und Fernsehserie, die Generationen von Astrophysikern zu begeistern vermochte, weil sie den technisch möglichen Fortschritt ziemlich präzise antizipierte und sich stets mit den Gesetzen der Physik auseinandersetzte. «Star Wars», das als Filmserie mittlerweile vier

Jahrzehnte umspannt und dessen ursprüngliche Fans inzwischen mit ihren Großkindern die neueste Trilogie im Kino besuchen, ist vielmehr ein lustvoll-pubertäres Fantasy-Spektakel, ein bunter Mix aus unterschiedlichsten Einflüssen und folgt erkennbar den Moden des jeweiligen Zeitgeistes. Doch gerade diese eklektische Vielfalt macht den Reiz einer philosophischen Betrachtung von «Star Wars» aus. Die vielfältigen Themen und Motive, die in den Filmen aufgegriffen werden, liefern bei näherem Hinsehen beinahe uferloses Material für eine philosophische, kulturhistorische und politische Analyse. Von der durchkomponierten Mythologie der ersten drei Filme bis zu den archetypischen Familienkonstellationen der Skywalkers; von der rätselhaften «Force» bis zum ambivalenten Umgang mit deren «heller» und «dunkler» Seite; vom Einsatz politischer Metaphorik und Bildsprache bis hin zur Frage nach der Ordnung der Gesellschaft in Klassen und Geschlechter: In «Star Wars» findet man für fast alles, worüber man nachdenken kann und möchte, einen Anhaltspunkt.

Dieses Buch will zeigen, wie viel Philosophie auch in der Populärkultur steckt und wie viel Spaß es machen kann, mit «Star Wars» über Heidegger, Augustinus, Lacan, den Taoismus, Wittgenstein, den Kapitalismus oder die Gender Studies nachzudenken. Denn es ist ja ohne Zweifel so, dass auch die beste Theorie nicht ohne Phantasie auskommt. Und kaum etwas beflügelt die Phantasie so sehr wie ein ordentliches Weltraummärchen, kaum etwas regt so sehr zum Denken an.

Ein moderner Mythos

Clotilde Leguil

Befreiung vom Übervater.
«Star Wars» mit Lacan

Aus dem Französischen von Julia Clauß

«Die einzige ernstzunehmende Wissenschaft ist für mich die Science-Fiction.»

JACQUES LACAN (*Magazine Littéraire*, 1974)

Glaubt man den zahlreichen Angriffen, denen sich die Psychoanalyse seit Jahrzehnten ausgesetzt sieht, ist der Ödipus-Mythos vollkommen unzeitgemäß. Niemand schlage sich heute noch mit Konflikten des Unbewussten, mit Neurosen und Kastrationsängsten herum, so die Kritik. Selbst die Figur des Vaters sei nur ein Überbleibsel längst vergangener Zeiten. Und doch kämpft in einer weit, weit entfernten Galaxie ein junger Mann gegen einen Feind, von dem er nicht weiß, dass er sein Vater ist. In dieser von einem Todesstern bedrohten Galaxie kämpft ein Vater gegen seinen Sohn und verwundet ihn, um ihn zuletzt doch mit dem Leben davonkommen zu lassen. Schließlich rettet der Sohn seinen Vater und damit auch sich selbst. Er hat sich seinen größten Ängsten gestellt.

«Star Wars» ist wie ein Mythos strukturiert, was weit mehr zum weltweiten Erfolg der Saga beigetragen hat als die vielen spektakulären Spezialeffekte. «Star Wars» zitiert den Mythos von Ödipus, verweist aber auch auf *Hamlet*, den Lacan mit Freud als Gründungsmythos des Begehrens interpretiert. Werfen wir also, um den Erfolg des *Kriegs der Sterne* zu verstehen, einen genaueren Blick auf die Geschichte und ihre Beziehungen zum Unbewussten, und analysieren wir etwas genauer, was sie uns über das Subjekt, sein Begehren und seine Beziehung zum Schicksal zu sagen hat.

Eine Geschichte erlangt mythische Dimension, wenn sie eine symbolische Logik aufscheinen lässt, die über den eigentlichen Kontext der Handlung hinausgeht. Für passionierte «Star Wars»-Jünger ist der Film nicht nur ein Science-Fiction-Abenteuer, das uns in eine Galaxie versetzt, in der der Kampf des Imperiums gegen die Rebellen der Republik ausgefochten wird. Der Film handelt auch von der psychologischen Odyssee eines jungen Jedi. Diese beginnt mit dem Tod seiner Adoptiveltern auf dem Planeten Tatooine und führt ihn zur entscheidenden Konfrontation mit dem schrecklichen Darth Vader.

Nachdem George Lucas den (in der Produktionschronologie) ersten Teil von «Star Wars» gedreht hatte, der nachträglich den Titel *Eine neue Hoffnung* erhielt, musste er feststellen, dass die Faszination, die der Film hervorrief, nicht so sehr auf den jungen Luke Skywalker, die eigentliche Identifikationsfigur der Geschichte, zurückzuführen war, sondern auf den furchterregenden Darth Vader. Dieser steht tatsächlich im Zentrum der gesamten Trilogie.

Trotz des Charmes von Han Solo und der aparten Schneckenfrisur von Prinzessin Leia und trotz der Ergebenheit von R2-D2 und C-3PO fasziniert uns in erster Linie die Person des Darth Vader. Warum? Weil er den großen Bösewicht darstellt, lautet oft die Antwort. Das ist zweifellos richtig, erklärt aber dennoch nicht, warum der Stoff uns so fesselt. Darth Vader steht für etwas anderes. Er ist ein Mann ohne Gesicht, dessen Präsenz sich vor allem durch seine regelmäßigen und deutlich vernehmbaren Atemgeräusche bemerkbar macht, die für sich genommen schon furchterregend sind. Dieser machtvolle Atem zeugt von einer Gegenwart, deren innere Beweggründe uns weitgehend verschlossen bleiben. Alles hängt an diesem allzu hörbaren Atem, der einem Wesen ohne Gesicht entströmt.

Der französische Philosoph Jacques Lacan hat den Ödipus-Mythos anders als Freud interpretiert und dabei zwei voneinander getrennte Figuren ausgemacht: das *kleine andere*, das ein imaginäres oder ähnliches anderes, aber auch ein Rivale sein kann und auf derselben Ebene situiert ist wie das Ich; und *das große Andere* mit großem A, das über dem *kleinen anderen* steht und Agent einer transzendenten symbolischen Ordnung ist, die das Subjekt mit seinem Schicksal konfrontiert. Man kann den Mythos von Ödipus nicht verstehen, so Lacan, wenn man ihn einer ausschließlich psychologischen oder affektzentrierten Lektüre unterzieht, die um die Liebe beziehungsweise den Hass zu den Eltern kreist. Der Ödipuskomplex ist bei Lacan Ausdruck einer Dialektik des Begehrens. Er zeigt, dass ein Subjekt erst über die Anerkennung des Verlustes – bei Freud die Kastration – zu seinem eigentlichen Sein gelangen kann. Dieser Verlust ist symbolischer Art.

Den Verlust anzuerkennen, indem man sich seinen eigenen Ängsten stellt, heißt auch, sich des eigenen Begehrens bewusst zu werden, indem man den irreduziblen Mangel akzeptiert. Dies ist in recht groben Zügen Lacans Interpretation des Ödipus-Mythos. Sie bricht mit jeder Form von Psychologie und ist durch und durch unsentimental. Der Ödipus-Mythos erzählt uns also die Geschichte all derer, die sich ihrem Schicksal stellen, um ihm zu entgehen, aber auch die Geschichte von denen, deren Selbstverleugnung sie in die Ohnmacht führt.

George Lucas hat nicht nur ein Universum geschaffen, das eine weit entfernte Galaxie mit Planeten und Asteroiden zeigt. Er hat diesem Universum auch eine bestimmte Struktur gegeben, die wesentlich auf zwei Gruppen von Personen beruht: zum einen den *kleinen anderen*, die Mitgefühl, Mitleid oder Lachen hervorrufen. *Kleine andere* sind zunächst einmal die Geschwister Skywalker, Luke und Leia, die gemeinsam gegen das Imperium kämpfen. Auch die Droiden, die sich oft menschlich, allzu menschlich gebärden, gehören zu den *kleinen anderen*. R2-D2 und C-3PO sind genau wie Han Solo und Lando *kleine andere*. Auch sie plagen sich mit Alltagssorgen herum, sind empfindlich, haben Erinnerungen und plappern ohne Pause vor sich hin. Nachdem R2-D2 in *Das Imperium schlägt zurück* auf dem Sumpfplaneten Dagobah, dem Exil von Meister Yoda, gelandet ist, fragt ihn Luke besorgt, wie er sich fühle. Offenbar sind diese kleinen Roboter also Wesen, die über ein Empfindungsvermögen und ein Bewusstsein verfügen und sich deshalb mit Rousseau als Adressaten menschlichen Mitgefühls qualifizieren. Zu den *kleinen anderen* gehört auch der Wookiee Chewbacca, dessen Brülllaute das dramatische Geschehen untermalen und der, obwohl halb Affe, halb Bär, der beste Freund Han Solos ist. Zusammen bilden sie das uns so sympathische Völkchen der *kleinen anderen*.

Ein Mythos ist jedoch erst dann gegeben, wenn eine Dimension jenseits der *kleinen anderen* existiert. Darth Vader fasziniert uns gerade deshalb, weil er eine Figur des *großen Anderen* ist. Er ist nicht nur der böse Andere, sondern auch der mächtige Andere, ein Anderer, der nicht derselben Welt entstammt wie Luke, und ein Anderer, der bereits jenseits des Spiegels steht und keine menschliche Gestalt mehr hat. Dieser *große Andere* hat kein Gesicht. Er ist niemand und als solcher furchterweckend. Darth Vader ist ein gesichtsloser Anderer, der reine Stimme ist. Steht man ihm gegenüber, ist man seinem Blick ausgesetzt, ohne zu wissen, woher dieser Blick stammt. Seine bloße Präsenz macht uns nicht nur Angst, weil sie absolute Macht symbolisiert, sondern auch, weil wir nie wissen, was seine Absichten sind. Ist er von seinen Offizieren enttäuscht und wird sie deshalb aus der Ferne strangulieren? Wird er sie töten oder am Leben lassen? Darth Vader ist die Figur des absoluten *großen Anderen*, mit dem jeder konfrontiert wird, der spricht und Angst empfindet. Er ist der, den man niemals enttäuschen darf. Er ist Herr seiner eigenen Angst, denn er ist Fürst Vader, ein Meister im Dienst des Todes. Sein eigener Meister ist der Imperator, der den Tod selbst verkörpert.

Die Trilogie von George Lucas erfüllt also die Kriterien des Mythos. Anhand des Kampfes zwischen Luke Skywalker und Darth Vader zeigt sie die Begegnung mit der Macht der Sprache und des Sprechens. Mit der Irrfahrt von Luke erzählt sie, wie ein Subjekt zum Sein gelangt, weil es sich aus dem Diskurs des Anderen befreit und so zum Jedi werden kann. Luke Skywalker ähnelt dabei sowohl Ödipus als auch Hamlet. Wie Ödipus weiß Luke nicht, dass der, dem er im Kampf gegenübertreten wird, sein Vater ist. Wie Hamlet muss er seinen Vater rächen, indem er dessen Mörder tötet. Die Konfrontation mit Darth Vader ist auch eine Konfrontation mit dem Tod und gleichzeitig die Begegnung mit der schrecklichen Figur des allmächtigen Anderen. Hinter der Maske der Allmacht ist der *große Andere* aber letztlich nur die symbolische Ordnung der Sprache, die uns immer schon strukturiert und ausrichtet und uns zu Wesen macht, die, mit Lacan, «eher gesprochen werden als selbst sprechen».

Wenn der *große Andere* das Wort ergreift, spricht er nicht die Sprache aller. Seine Sprache ist vielmehr die Sprache des Symbolischen: Sie ist Akt des Sprechens und konstituiert erst das Sein. «Sie haben meinen Vater umgebracht», beschuldigt Luke Darth Vader in *Das Imperium schlägt zurück*. «Nein, ich *bin* dein Vater», antwortet Darth Vader. Dieses «Ich bin dein Vater» ist eine performative Aussage, die Luke in seinem Innersten erschüttert. Er wird sich selbst zu einem Anderen. Er ist der Sohn Darth Vaders, der doch das Objekt seines Hasses und seiner Ängste ist. Die Wunde, die Darth Vader Luke am Ende dieser Episode zufügt, ist die symbolische Wunde, die jeder Vater bei seinem Sohn hinterlässt. Erst durch sie kann der Sohn zum vollen Subjekt werden, nämlich wenn er bereit ist anzuerkennen, etwas verloren zu haben. Und erst durch die Wunde, die Luke Skywalker Darth Vader am Ende der Trilogie zufügt, kann der übermächtige Andere, den Darth Vader für ihn verkörperte, zu Fall gebracht werden.

«Ein Jedi Luke ist geworden», und zwar genau in dem Moment, in dem Luke von Meister Yoda erfährt, dass Leia seine Schwester ist und er deshalb auf sie verzichten muss. Auch in dieser weit, weit entfernten Galaxie gilt das Inzestverbot, das seinerseits zur Subjektwerdung beiträgt. Die Schlüsselszene der ursprünglichen Trilogie ist der letzte Wendepunkt, als der Sohn das Gesicht seines Vaters erblickt. Unter der Maske des übermächtigen *großen Anderen* ist Darth Vader ein vom Schicksal gezeichneter Mann, der vom Imperator, seinem eigenen *großen Anderen*, künstlich beatmet wurde. Luke hat sich von seinen Ängsten befreit, ohne seinem Schicksal zu entfliehen, weil er, anders als sein Vater, sich nicht von der dunklen Seite der Macht hat verführen lassen. Luke kann so die Position des letzten Jedi annehmen, der womöglich auch der erste in einer neuen Ahnenreihe ist. Und der Mythos von Ödipus wird auch im 21. Jahrhundert dem großen Schöpfer neuer Science-Fiction-Epen als Inspiration dienen.

Tobie Nathan

Per Zwölfzylinder durch die Galaxie. Der Mythos des Fahrzeugs in «Star Wars»

Aus dem Französischen von Julia Clauß

Im Pantheon der Mythenstifter wird George Lucas einmal seinen Platz neben Homer finden. Wie Homer hat Lucas eine Vielzahl unterschiedlicher Mythen und Erzählungen gesammelt und in einem großen Epos miteinander verwoben. So entstand «Star Wars», der Trojanische Krieg, der in der Zukunft – oder aber in einer sehr fernen Vergangenheit, sehr, sehr weit weg – spielt. Das fluoreszierende Lichtschwert erinnert an Excalibur, das sagenhafte Schwert König Arthurs; die Jedi erscheinen als Wiedergänger der Ritter der Tafelrunde; Luke Skywalker steigt wie Orpheus in die Unterwelt und besiegt den Todesstern; die Zwillinge Luke und Leia, deren Kräfte sich schon bei ihrer Geburt offenbaren, sind die Reinkarnation von Apollon und Artemis. «Star Wars» ist eine Ilias der Gründungsmythen, eine Odyssee – reich an Monstern, Riesen und Titanen und voll unzähliger Hindernisse, denen der Held auf seiner Irrfahrt zu sich selbst begegnet. «Star Wars» ist auch eine Form mystischer Erzählung, ähnlich den Initiationen indischer oder sibirischer Schamanen. Von Visionen heimgesucht, bricht der Held zu einer Reise in andere Welten auf und trifft dort auf seinen Meister, der ihn in den Techniken seiner Macht unterweist, ganz so wie in früheren Initiationsriten.

Inspiration fand Lucas bekanntermaßen bei Joseph Campbell, der über das Studium der Kulturen der indigenen Bevölkerung Nordamerikas zum Experten indianischer Mythologien wurde. Ähnlich wie Yoda in «Die Rückkehr der Jedi-Ritter» hatte Campbell sich fünf Jahre ganz von der Welt zurückgezogen, um in einer Waldhütte sämtliche mythologischen Texte zu studieren. Im Anschluss formulierte er unter Rückgriff auf C. G. Jung eine eigene Mythentheorie, die sich mit der vedischen Maxime zusammenfassen ließe: «Die Wahrheit ist eins, die Weisen nennen sie mit vielen Namen.» Alle Mythen lassen sich also auf einen einzigen großen Mythos beziehen, dessen archetypische Grundstruktur herausgearbeitet werden kann. Alle Religionen sind damit nur verschiedene Ausformungen derselben transzendenten Realität. Campbell hat selbst eine Anzahl bestimmter mythischer Grundmuster analysiert, die von Hollywood ganz ungeniert als filmische Erfolgsrezepte verwendet wurden. So etwa das des archetypischen Helden, das in «Star Wars» eins zu eins umgesetzt ist. Die sogenannte Heldenreise beginnt mit dem Ruf, der den Helden aus seiner Alltagswelt herausreißt. Es kommt zur Konfrontation mit dem Hüter der Schwelle, dann begegnet der Held seinem Mentor und Meister und muss eine Reihe von Bewährungsproben bewältigen, die damit enden, dass der Held seinen Meister übertrifft. Am Ende dieses Emanzipationsprozesses erreicht er das angestrebte Ziel seiner Suche, das von Campbell als Versöhnung mit dem Vater gedeutet wird. George Lucas hat Campbells Heldentheorie perfekt umgesetzt, bis hin zum Namen desjenigen, dem Luke Skywalker im entscheidenden letzten Kampf gegenübertritt: *Darth Vader* ist Feind und Vater zugleich, ein ‹dunkler Vater› (*vader*: niederländisch für Vater), der von Luke am Ende vor der Verdammung bewahrt wird.

Der weltweite Erfolg von «Star Wars» beruht auf dem gelungenen Patchwork, das allgemein ein Strukturelement von Mythen ist. Zugleich ist «Star Wars» ein sehr persönliches Werk: Der Name des Helden – Luke – ist deutlicher Verweis auf den Drehbuchautor und Regisseur Lucas.

Obwohl sich der junge George Lucas dem Studium der Anthropologie und Mythologie gewidmet hat, ist er aber vor allem eines: ein Autonarr. Sein erster Spielfilm, «American Graffiti» (1973), zeigt eine Autofahrt, bei der ein Chevrolet Bel Air Impala 58, ein wunderschöner Mercury Coupé 51 und ein gelber Hot Rod auf der Suche nach einem Ford Thunderbird 56 und seiner blonden Fahrerin durch die Nacht cruisen, das Ganze zu einem Soundtrack aus Rock 'n' Roll der fünfziger Jahre. Lucas' Faszination für Autos zeigt sich auch in der Akribie, mit der er die Bodenfahrzeuge in «Krieg der Sterne» gestaltet hat.

Gerade unter Jugendlichen sind Autos so beliebt, weil sie einen Sieg der Vernunft über die Natur darstellen. Der Mensch kann Struktur, Verhalten und Evolution tierischer Spezies untersuchen; sie bleiben ihm letztlich doch undurchdringlich, weil es Lebewesen sind wie der Mensch selbst. So verlegt er sich auf die Herstellung einer automobilen Spezies, deren Evolution der Entwicklung theoretischer Konzepte folgt. Der Mensch vollzieht so den Statuswechsel vom Geschöpf zum Schöpfer und zum Urheber neuer Arten, deren Evolution er aktiv steuert. Die Magie, so lehrt uns Marcel Mauss, ist die Kunst, Naturerscheinungen dem menschlichen Verstand in technischer Weise zu unterwerfen; das Auto ist also die moderne Quintessenz der Magie. Es imitiert im Übrigen die Morphologie der Wirbeltiere. Es hat eine stabile Stützstruktur im Körperinneren, vergleichbar einem Skelett (das Fahrgestell), komplexe Gelenke wie Knie oder Schulter (die Federungselemente), vier Räder, die den vier Gliedmaßen entsprechen, und schließlich eine Haut beziehungsweise Membran, die zugleich flexibel genug ist, um stoßdämpfend zu wirken, und so hart, dass das Innere (die Karosserie) geschützt wird.

Es gehört zum Genie von George Lucas, den mythischen Kern des Automobils in den für «Star Wars» entworfenen Kampffahrzeugen freigelegt zu haben. Der AT-TE (Allterrain-Taktik-Erzwinger) ist ein dreizehn Meter langes Insekt aus Stahl mit sechs flexiblen Beinen, das Platz für Piloten, Aufklärer und Kanoniere bietet. Während des Klonkriegs in Episode II richtet es verheerende Schäden unter der Rebellenallianz an. Noch deutlicher offenbart sich dieses mythische Element im AT-AT (Allterrain-Angriffstransporter), auch «imperialer Läufer» genannt, der in Episode V («Das Imperium schlägt zurück») zu Beginn der Schlacht von Hoth aus eisigen Nebelschwaden steigt. Die AT-ATs sind das Inbild der Idee des Automobils als einer vom Menschen geschaffenen Tierspezies. Zugleich beschwören sie die Welt der antiken Mythen, denn sie verweisen zweifellos auf die Elefanten, mit denen Hannibal die schneebedeckten Alpen überquerte. Lucas hat sich bei der Konzeption des imperialen Läufers erklärtermaßen vom Skelett des Mammuts inspirieren lassen. Der imperiale Läufer, der bei einer Höhe von sechsundzwanzig Metern Platz für mehr als vierzig Soldaten im Maschinenbauch bietet, erinnert aber auch an das hölzerne Pferd, das von Odysseus als List erdacht wurde, um in die Stadt Troja einzudringen.

Das Erfolgsrezept von George Lucas beruht also auf einem gründlichen Studium antiker Texte, darunter jene von Homer und Titus Livius. Diese werden für den Zuschauer leicht verständlich aufbereitet und mit profundem Wissen um die technischen Grundlagen der Moderne unterfüttert. Nicht nur «Der Krieg der Sterne», auch der «Trojanische Krieg» und etliche andere Mythologien sind so vermutlich entstanden.

Linus Hauser

Der Helden-Mythos und die Metaphysik der Moderne

Beim «Krieg der Sterne» geht es auf den ersten Blick um mit Unterhaltung kombinierte grandiose Spezialeffekte und einen – scheinbar – einfachen Handlungsablauf. Reicht das zur Erklärung seines Erfolges aus?

Im Jahr 1977 hat der Film «Star Wars» Premiere. Die ersten drei «Star Wars»-Filme spielen weltweit 1,3 Milliarden Dollar an den Kinokassen ein; der Verkauf von Merchandiseartikeln, also Artikeln, auf denen das «Star Wars»-Emblem oder «Star Wars»-Figuren abgebildet sind, erbringt noch einmal den stattlichen Betrag von mehr als 2,5 Milliarden Dollar. Insgesamt spielt die «Star Wars»-Trilogie also in den ersten 20 Jahren etwa sieben Milliarden Dollar ein. Zum 20-jährigen Jubiläum des ersten Teils der Trilogie kommt der Film in einer überarbeiteten Fassung abermals in die Kinos und erwirtschaftet in den ersten vier Wochen in den USA noch einmal 116 Millionen Dollar.

Auf den ersten Blick drängt sich durchaus die Frage auf, wieso ausgerechnet «Star Wars» und nicht etwa der Film «Highlander» (1986), der auch Fortsetzungen hatte, so erfolgreich war, dass er zu einem modernen Mythos werden konnte. Meine These dazu lautet: «Star Wars» konnte deshalb zu einem Mythos unserer Zeit werden, weil zum einen sein Handlungsablauf in einen kosmischen Ordnungszusammenhang eingebettet ist, der der metaphysischen Erlebnistönung der Moderne entspricht, und weil zum anderen auf das uralte Motiv des Helden und seiner Reise zurückgegriffen wird. Damit spricht der Film die Sinnfindungsprobleme der Moderne (und der Postmoderne) auf adäquate und einzigartige Weise an.

Bevor ich dies näher ausführe, werde ich – um im Bild der Reise zu bleiben – einen kleinen Umweg machen und die Sinnfindungsproblematik und Krise des modernen Menschen in ein paar Skizzen näher erläutern.

Metaphysische Orientierungsaufgaben der Moderne

Exemplarisch für die Sinnfindungsprobleme der Moderne ist unter anderem Gottfried Benns (1886–1956) Gedicht «Verlorenes Ich» aus dem Jahr 1943. Es gibt Auskunft über eine Weltwahrnehmung, in der übergreifende objektive Ordnungszusammenhänge nicht mehr gegeben sind, über ein Bewusstsein, das sich im Zustand der «Zerdachtheit», der Ausgeliefertheit an unüberschaubare Theorien- und Gedankenvielfalt befindet:

«[...]
Die Welt zerdacht. Und Raum und Zeiten
und was die Menschen wob und wog,
Funktion nur von Unendlichkeiten –
die Mythe log.

Woher, wohin – nicht Nacht, nicht Morgen,
kein Evoë, kein Requiem,
du möchtest dir ein Stichwort borgen –
allein bei wem?
[...]»

In dem hier zum Ausdruck gebrachten Lebensgefühl gibt es kein bündiges Verstehen unserer Wirklichkeit mehr, kein «Stichwort» für metaphysische Orientierung.

Genauer betrachtet lassen sich vier (metaphysische) Orientierungsaufgaben ausmachen, die den modernen Menschen seit der Renaissance beschäftigen und ihm die Suche nach Sinn und Halt schwermachen: Die Kopernikanische, die Darwinische, die Freudianische – und die Androidische.

Die Kopernikanische Orientierungsaufgabe resultiert aus der Verabschiedung des geozentrischen Weltbildes. Also jener Theorie der Astronomie, nach der die Erde die Mitte des Weltalls einnimmt und sich die Sonne, der Mond, die Planeten und das gesamte Himmelsgewölbe mit seinen Fixsternen um die Erde drehen. Heute, da wir mit unseren astronomischen Methoden 14 Milliarden Lichtjahre weit in den Weltraum hineinhorchen können, stellt sich mehr denn je die Frage, was unsere Existenz eigentlich bedeutet, wenn wir «verloren in der Unendlichkeit auf einem Staubkorn des Weltalls» leben.

Verschärft wird diese Situation durch die Darwinische Orientierungsaufgabe, die uns abendländische Menschen aus einer Welt herausreißt, in der 6000 oder 7000 Jahre seit Adam und der Welterschaffung vergangen sind. Sie konfrontiert uns damit, dass unsere zeitliche Herkunft unabsehbar bis in die Ursuppe unseres Planeten reicht. Kein Schöpfungsplan, sondern eine Unzahl von Zufällen hat demnach dazu geführt, dass ausgerechnet meine Genkombination mich hervorgebracht hat.

Wenn ich an dieser Stelle «Ich» schreibe, dann verweist dies wiederum auf das Problem, dass ich feststellen muss, dass Linus Hauser in seinem Leben viel erlebt hat, ich aber kaum etwas davon überblicke. Mein konkretes Ich ist wie die Spitze eines Eisberges, der in einen schier unendlichen Sumpf des Unbewussten reicht und sich seiner selbst nicht mehr ermächtigen kann. Letzteres kann man als die Freudianische Orientierungsaufgabe bezeichnen.

Als abschließendes Element im Prozess der Krise des Menschenbildes ist dann noch die Androidische Orientierungsaufgabe anzuführen, welche die räumliche, zeitliche und rationale Orientierungsproblematik hinsichtlich unserer Bedeutung und individuellen Eigenständigkeit noch einmal radikalisiert. Hier sehen wir uns beispielsweise mit der Frage konfrontiert, ob es – etwa durch die Entwicklung von Quantencomputern – bald möglich sein wird, dass unsere Geschöpfe uns überlegen sein werden. Je weniger wir selbstbewusst sagen können: «Vernunft wird bald überall sein!», und uns als autonomes «Ich» auszusprechen vermögen, desto mehr werden wir in unserer Wahrnehmung zum anonymen Existenzkörnchen. Wo bekommen wir da noch ein «Stichwort» her?

Anonymisierung Gottes und die wissenschaftsfundierte Technik

Im dritten Kapitel des alttestamentlichen Buches Exodus wird von folgender Gottesbegegnung erzählt: Mose hütet am Gottesberg die Schafe und Ziegen seines Schwiegervaters. Plötzlich sieht er einen brennenden Dornbusch, der jedoch nicht verbrennt. Mose nähert sich, um die ungewöhnliche Erscheinung besser zu beobachten, und hört die Stimme Jahwes aus dem Dornbusch: «Komm nicht näher heran! Leg deine Schuhe ab, denn der Ort, wo du stehst, ist heiliger Boden!» (Ex 3,5). Jahwe gibt sich Mose als Gott seiner Väter zu erkennen. «Da verhüllte Mose sein Gesicht, denn er fürchtete sich, Jahwe anzuschauen» (Ex 3,6). Daraufhin wird Mose von Jahwe beauftragt, sein Volk Israel aus der Sklaverei in Ägypten zu führen. Um seinen Auftrag begründen zu können, fragt Mose Jahwe nach seinem Namen. Die Antwort lautet: «Ich bin der ‹Ich-bin-da› ... Das ist mein Name für immer, und so wird man mich nennen in allen Generationen» (Ex 3,14 f.). Der Gottesname «Jahwe» wird auf diese Weise zu einem Nichtnamen, zu einem Antinamen, der die Grenze aller Benennung markiert. Entsprechend negativ urteilt das Alte Testament über Versuche, sich selbst einen Gott zu erschaffen.

Religion kann immer einer Trivialisierung unterliegen. Aus dem bilderlosen Grund von «Allem» wird dann beispielsweise ein allmächtiger alter Mann mit Bart, der auf einer Wolke sitzt und eine mit der menschlichen vergleichbare Psyche hat. Es ist nicht verwunderlich, dass vor allem seit dem 19. Jahrhundert Konzeptionen von einem Urgrund aller Wirklichkeit aufkommen, den man metaphorisch als «unbewussten Evolutionsgott» bezeichnen könnte.

Ernst Krause (1839–1903), Apotheker, Naturphilosoph und Publizist, der unter dem Pseudonym «Carus Sterne» schreibt, verkündet in seinen «Betrachtungen über Werden und Vergehen. Eine Entwicklungsgeschichte des Naturganzen in gemeinverständlicher Fassung» aus dem Jahr 1876: «Wer in dem Geschichtsbuche der Natur blättert muß daraus die Ueberzeugung gewinnen, daß im Wesen des Lebens ein Trieb zu einer unaufhörlich fortschreitenden Energie desselben enthalten ist, die im Menschen, weit entfernt ihr Ziel erreicht zu haben, erst das Gefäß einer neuen, viel mächtigeren und schnelleren Vorwärtsbewegung erlangt hat, als alle früheren.»

Diese Denkfigur breitet sich im 20. und 21. Jahrhundert immer mehr aus, wobei jeweils aktuelle evolutionstheoretische und physikalische Standards mit einfließen beziehungsweise populärphilosophisch genutzt werden. Zusammengefasst lautet sie folgendermaßen: Es gibt in den tiefsten abgründigen Dimensionen unserer kosmischen Wirklichkeit seit dem Urknall eine innere Dynamik, die, ohne ein eigenes Bewusstsein zu haben, auf die Hervorbringung von Bewusstsein hinarbeitet. Dieses sich schrittweise im Kosmos entfaltende Bewusstsein kommt im Menschen zu sich. Der Mensch soll also im Universum eine bestimmende, vergeistigende Rolle haben.

So spekulativ dieser Gedanke auch anmutet: Im Kern beruht er auf dem Aufstieg einer neuen Art von Technologie.

Seit wir aufgehört haben, als Affen von den Bäumen herunterzusteigen, und uns als Menschen verstehen, haben wir immer intensiver Naturgegenstände bearbeitet. Was den frühesten Menschen und seine Techniken des Absplitterns von Feuerstein mit dem Rokoko-Künstler, der feinstes Porzellan herstellt, verbindet, ist die Notwendigkeit, auf den Naturgegenstand hinsichtlich seiner eigentümlichen Gestalt Rücksicht zu nehmen. Dieser Sachzwang, sich an den Gegenstand, den man bearbeitet, «anzuschmiegen» (Theodor W. Adorno), verbindet alle Prozesse, die man als «Naturtechnik» bezeichnen kann.

Mit dem ausgehenden 18. Jahrhundert kommt es zu einem weltgeschichtlichen Umbruch, dessen Konsequenzen wir selbst heute noch nicht absehen können: Aufgrund der Entdeckung, dass man die empirischen Wissenschaften, die sich seit der Renaissance entwickelt haben, systematisch technologisch verwerten kann, entsteht die «wissenschaftsfundierte Technik». Die wissenschaftsfundierte Technik ist in der Lage, die Natur in ihren innersten Strukturen so zu gestalten, dass sie vorgegebenen Zwecken entspricht. Man erkennt dies etwa am Beispiel des Kunststoffs oder der Gentechnologie. Aus der vorgefundenen *natura prima* wird eine zunehmend selbstentworfene *natura secunda*.

Die Fähigkeit des modernen Menschen, mit Hilfe der wissenschaftsfundierten Technik die Welt zu beherrschen (und zu vernichten), bringt seit dem 19. Jahrhundert gleichermaßen Wissenschaftsgläubigkeit und Wissenschaftsangst hervor. Die Menschen können zu «Göttermenschen» (Stefan Breuer) werden und in einem neuen polytheistischen Kosmos gute und böse Rollen übernehmen.

Nun sind alle Begriffe, die zur Interpretation der Metaphysik beziehungsweise Mythologie von «Star Wars» dienlich sein können, benannt, und ich kehre zum Ausgangspunkt meiner These zurück.

Die Theologie von «Star Wars»

In «Star Wars», dieser – wie James McGrath etwas übertrieben behauptet – «eindrucksvollsten religiösen Vision unter allen Science-Fiction-Filmen», wird bewusst und ernsthaft daran gearbeitet, einen Mythos zu erschaffen.

Es geht hier nicht um die mögliche Zukunft der Erdenmenschen, sondern um eine Geschichte, die längst Vergangenheit ist und an einem weit entfernten Ort spielt. «Vor langer, langer Zeit in einer weit, weit entfernten Galaxis» heißt es in dem berühmten Vorspann zu den Filmen. George Lucas sagt dazu in einem Interview: «Mythen erzählen uns diese alten Geschichten in einer Weise, die auf uns nicht bedrohlich wirkt. Sie spielen in einem imaginären Land, vor dem du sicher bist. Trotz allem beschäftigen sie sich mit echten Wahrheiten, die berichtet werden müssen. Manchmal sind diese Wahrheiten so schmerzlich, dass Geschichten der einzige Weg sind, um sie psychisch zu ertragen.»

Skizzieren wir zunächst einmal die Handlung der drei ersten Filme, die den «Star Wars»-Neomythos hervorbrachten.

Irgendwo in einer fernen Vergangenheit sind überlichtschnelle Reisen möglich geworden, und somit können sehr viele Planetensysteme in der Galaxis besiedelt werden. Die ordnungsgemäße Regierung ist gestürzt. An ihrer Stelle hat sich ein böser Imperator, der frühere Senator Palpatine, gestellt, der durch den mächtigen Darth Vader unterstützt wird. Darth Vader ist ein ehemaliger Jedi-Ritter. Die Jedi-Ritter verwalten das Geheimnis der kosmischen «Force». Durch eine harte Ausbildung sind sie in der Lage, die universale Lebenskraft des Kosmos, die Macht, für sich zu nutzen. So können sie unter anderem telekinetische und telepathische Fähigkeiten entwickeln. Ein Jedi kämpft dabei mit einem Lichtschwert. Vergangene vortechnische Zeiten und das Zeitalter der wissenschaftsfundierten Technik werden hier im Lichtschwert miteinander verbunden. Doch die «Macht» hat auch eine Kehrseite, sie ist «in sich ambivalent». Man kann der «guten Seite der Macht» dienen, das heißt, man kann die Lebenskraft des Kosmos zur Erschaffung der Menschheit nutzen. Man kann sich aber auch der «bösen Seite der Macht» verschreiben, wie es der Imperator tat, der Darth Vader auf seine Seite gezogen hat. Durch die dunkle Seite der Macht, die destruktive Seite des Kosmos, ist der Imperator zu seiner Position aufgestiegen.

Doch er hat Gegner: Auf einem kleinen Provinzplaneten gibt es einen Jungen namens Luke Skywalker. Die Figur wird – um kurz auf die Metaebene zu springen – so dargestellt, dass sich männliche Jugendliche mit ihr identifizieren können. Es ist signifikant, wie die Übersetzung ihres Namens ins Deutsche lautet: Lukas Himmelsreisender oder Lukas Sternengänger. Luke Skywalker bewältigt durch seinen Werdegang zum Jedi-Ritter beispielhaft das, was jedem Jugendlichen aufgegeben ist: Er führt vor, wie man erwachsen wird. Davon später mehr.

Weiterhin gibt es im Blick auf die weiblichen Filmbetrachterinnen ein Mädchen, das in der Auseinandersetzung mit dem Imperator zur Frau wird. Es ist Prinzessin Leia Organa, die rechtmäßige Erbin des von Menschen bewohnten Universums. Luke Skywalker wird durch Obi Wan Kenobi und den fremdartigen Zwerg Yoda zum Jedi-Ritter herangebildet. Zusammen mit Prinzessin Leia Organa, seiner unerkannten Schwester, bekämpft er den Imperator. Luke Skywalker versöhnt sich zum Schluss mit dem fremd gewordenen, sich ihm im Tode wieder zuwendenden Vater Darth Vader und rettet das Universum vor der bösen Seite der Macht.

Die Filmhandlung beruht unter anderem auf zwei Prämissen: Zum einen fußt sie auf der Science-Fiction-Voraussetzung, dass überlichtschnelle Reisen möglich sind, dass es Lichtschwerter und Roboter gibt und vieles mehr. Zum anderen aber kann die Handlung nur durch die Annahme einer kosmischen Ur-Lebenskraft in Gang kommen, die ich oben als die Denkfigur eines «unbewussten Evolutionsgottes» bezeichnet habe.

Der aus einer Methodistenfamilie stammende George Lucas bezeichnet sich selbst als «methodistischer Buddhist». Diese Selbstbezeichnung ist durchaus nicht willkürlich. Auf der einen Seite steht Lucas im Traditionsbereich der abrahamitischen Religionstradition, die als Grundlage den Monotheismus hat. Er spezifiziert diese Tradition im Hinblick auf seine eigene religiöse Sozialisation in einer praktizierenden Methodistenfamilie. Zugleich führt er mit dem Motiv des Buddhismus – auch ein Gott in einer Götterwelt ist noch innerhalb des karmischen Leidenskreislaufes der Wiedergeburten gefangen – das Konzept des unbewussten Evolutionsgottes ein, das er in den Kontext einer darwinistischen Perspektive stellt.

«Es gibt absolut keinen Konflikt zwischen Darwinismus und Schöpfungsglaube. [...] Mein Problem ist, dass ich eine große Differenz zwischen der Bibel und Gott sehe», lässt Lucas in einem

Interview wissen. Und weist dann darauf hin, dass die fundamentalistischen Christen die Bibel gleichsam vor Gott stellen und Gott nach dem Maßstab der Bibel bewerten.

Der ganze Kosmos ist – nach dem Weltbild der «Star Wars»-Trilogie – ein Pulsieren von unbewusster, göttlicher Lebenskraft, die empirisch vorliegt und direkt nutzbar ist. Das Modell eines unbewussten Evolutionsgottes steht hier Pate. Auf diese Weise werden in einem der größten Erfolgsfilme der letzten Jahrzehnte religionsförmiger Mythos und Science-Fiction miteinander vermittelt. Eine metaphysische Lebenskraft des Kosmos auf der einen Seite und höchste Technik auf der anderen Seite verbünden sich, um das Gute in der Welt zu ermöglichen. Die Rolle des Heilsbringers spielt in diesem Falle Luke Skywalker. Obi Wan Kenobi, Yoda und Prinzessin Leia Organa sind seine Weggefährten.

Nach der Selbstaussage von George Lucas sind die «Star Wars»-Filme nicht eigentlich religiös, sondern verstehen sich in dieser Hinsicht als Propädeutik einer neuen religiösen Sensibilisierung. Er versuche das, was die Religion darbiete, in den Kontext einer «mehr modernen und leicht erwerbbaren Konstruktion» zu stellen. Es sei das Bewusstsein, dass außerhalb von uns ein «größeres Geheimnis» verborgen liege. Die «mystische Dimension» sei ein Teil dessen, was uns zu verstehen helfe, dass das, «was Gott ist, [...] ein sehr wichtiger Teil von dem ist, was uns ermöglicht, stabil, im Gleichgewicht zu bleiben». Er habe die «Force» in den Film eingebaut, um eine «bestimmte Art von Spiritualität in jungen Menschen zu wecken – mehr einen Glauben an Gott als einen Glauben an irgendein bestimmtes religiöses System. Ich wollte, dass junge Menschen anfangen, Fragen nach dem Geheimnis zu stellen. So wenig Interesse an den Geheimnissen des Lebens zu haben, dass man nicht mehr die Frage stellt: ‹Ist ein Gott oder ist kein Gott?› – das ist das Schlimmste, was passieren kann.» Letztlich sei die Macht das große «Geheimnis des Universums. Und deinen Gefühlen zu trauen ist dein Weg zu ihm.» Wenn im Film geraten werde, der «Macht» zu vertrauen, so sei dies ein «Sprung des Glaubens». Es gebe «Geheimnisse und Kräfte, die größer sind als wir, und du musst deinen Gefühlen trauen, um sie zu erwerben.»

Als er den ersten «Star Wars»-Film konzipiert habe, habe er eine «komplette Kosmologie» entwerfen müssen. An was sollten die Leute im «Star Wars»-Kosmos glauben? Es sollte etwas sein, das dem entsprach, was die Menschen seit Jahrtausenden glaubten und was die meisten Menschen auf diesem Planeten auf individuelle Weise nachvollziehen konnten. «Ich wollte keine Religion erfinden. Ich wollte auf eine andersartige Weise den Gehalt der Religionen ausdrücken.»

Die Konzeption der «Macht», die sich bei Lucas seit 1975, ein Jahr nach Beginn der Arbeit an «Star Wars», herauskristallisiert, hat ihre religionsphilosophischen Grundlagen im Konzept einer aufklärerischen «natürlichen Religion».

Der englische Religionsphilosoph Lord Edward Herbert of Cherbury (1583–1648) legt dar, dass dieses Verfahren einer Herausarbeitung der «natürlichen Religion» dem Verfahren eines Chemikers entspräche. Wie der Chemiker Stoffe extrahiere, so sondere der Philosoph das empirische, nicht von der menschlichen Vernunft erfahrene zufällige Historische am Gottesglauben aus und extrahiere aus den bekannten Religionen eine Essenz – die «natürliche Religion». Diese bestehe aus dem Glauben an Gottes Existenz, an die menschliche Verpflichtung, Gott durch Tugend und Frömmigkeit und nicht durch Riten zu dienen, an Reue und Wiedergutmachung und an eine sowohl diesseitige als auch jenseitige Vergeltung menschlichen Tuns.

Lucas führt ganz analog aus: «Ich benötigte ein Konzept von

Religion, das von der Voraussetzung ausgeht, dass es einen Gott gibt und dass es Gutes und Böses gibt. Ich begann das Wesen aller Religionen zu destillieren, zu dem zusammenzufügen, was ich als die Grundidee aller Religion und als dem primitiven Denken vertraut betrachtete. Ich wollte etwas entwickeln, was unabhängig von einzelnen etablierten Religionen akzeptierbar war, aber doch noch eine Art religiöser Realität darstellte. Ich glaube an Gott, und ich glaube an Gut und Böse.»

Dass Lucas' Gott eine personale abrahamitische Instanz ist, kann allerdings bezweifelt werden, wenn man sich die moralisch wertneutrale «Force» vor Augen führt. «Star Wars» steht vielmehr in der Tradition des Euhemerismus.

Unter Euhemerismus versteht man gemeinhin die seit der Antike vertretene Auffassung, dass die Götter früher Menschen gewesen seien, die dann mit der Zeit göttliche Ehren bekommen hätten. Man bemerkt im Euhemerismus die Tendenz zu einer Entzauberung der Götter auf der einen Seite und einer an realgeschichtlichen Geschehnissen orientierten Erklärung ihrer Fähigkeiten und Verhaltensweisen auf der anderen Seite.

Die später systematisierte Geschichte des «Star Wars»-Kosmos beginnt vor der Erschaffung der Erde und negiert damit die irdischen Schöpfungsmythen. In ihrer Studie «A Better Country. The World of Religious Fantasy and Science Fiction» (übersetzt von Esther Diering) schreibt die Literaturwissenschaftlerin Martha C. Sammons: «Die Menschen verehrten eine Gottheit, welche die ‹Macht› genannt wurde und Quelle einer übernatürlichen Kraft war. (...) Yoda erklärt: ‹Das Leben erschafft sie und lässt sie wachsen. Ihre Energie umgibt uns und bindet uns.› (...) (Trotzdem) trieb es die Menschen schließlich weg von der Macht, sie wurden materialistisch, gierig, moralisch verdorben und korrupt.»

Es brauchte einen Helden, der die Dinge wieder geraderückt.

George Lucas und der «Monomythos» des Helden

Die direkte theoretische Grundlage für Lucas' «Star Wars»-Mythos ist der «Monomythos» vom Heldenschicksal des US-amerikanischen Collegeprofessors Joseph Campbell (1904–1987). Lucas freundete sich mit dem Mythenforscher an, er war später oft auf Lucas' Anwesen, der Skywalker Ranch, zu Gast. In Interviews bezeichnet Lucas Campbell als «my Yoda» und nennt ihn seinen «Mentor». Auch die fünf Teile des sechsstündigen Fernsehinterviews, das Bill Moyers mit Joseph Campbell unter dem Titel «Joseph Campbell and the Power of Myth» (PBS 1988) führte, wurden auf George Lucas' Ranch in Kalifornien gedreht.

In seinem einflussreichen Werk über den «Heros in tausend Gestalten» (1949) versucht Campbell Grundmuster einer umfassenden mythologischen Erzählung darzustellen. Er geht davon aus, dass anhand der Erzählung des alle Mythen übergreifenden Monomythos vom Heldenleben das Menschsein symbolisch anschaulich wird. Diesen von Campbell herausdestillierten Monomythos werde ich im Folgenden am Beispiel von «Star Wars» darstellen.

Wie so oft beginnt alles mit einem Sündenfall. Die gute Seite der Macht hat ihre Kraft verloren, die Jedi-Ritter sind zur Legende verblasst. Ein Neuanfang steht aus. Zu diesem Zeitpunkt wird der zukünftige Held seines Zeitalters, Luke Skywalker, geboren. Schon die Kinder- und Jugendzeiten weisen auf einen bedeutungsvollen «Eigenweg» hin: Er wird unter seltsamen Umständen gezeugt (Jungfrau, Götter als Erzeuger), geboren (Berg, Stall) und wächst elternlos und im Unwissen über seine Eltern heran.

Das Haus und die Familie, in der Skywalker aufgewachsen ist, werden zerstört, und er wagt sich gegen alle Widerstände in die Fremde. Damit wird er zur Identifikationsfigur für alle Heranwachsenden. Er wird aber auch zur Identifikationsfigur für alle diejenigen, die einen Neuanfang wagen. Und er wird schließlich auch zum Symbol für epochale Aufbrüche.

Da dieser Schritt Angst macht, muss Luke Sykwalker um seine Berufung als Held ringen. Erst durch den Ratgeber Obi-Wan Kenobi und später Yoda kann Skywalker seine Mission ganz begreifen und erhält Hilfsmittel in Form von Waffen (Lichtschwert) oder magischen Kräften.

In Auseinandersetzung mit seltsamen und verwirrenden oder auch feindlichen Mächten gewinnt Skywalker Einsicht in sein Selbst. Aus der glatten kindhaft-jugendlichen Person wird ein reifer Mensch, der seine lichten und seine schattenhaften Seiten erkennen kann.

Oft begegnet ihm dann eine Gegenfigur, die exemplarisch genau die dunklen Seiten realisiert hat, gegen die Skywalker in sich ankämpft. Am deutlichsten wird dieser Kampf gegen die eigenen Schattenseiten, wenn man – wie bei Skywalker nach der Ausbildung durch Yoda – in seinem Gegner direkt mit seinem alle Schattenseiten repräsentierenden Ebenbild konfrontiert wird. Diesen Antihelden zu überwinden gehört wesentlich zur Selbstwerdung des Helden hinzu.

In der unbekannten Gegend, die der Heros aufsuchen muss, um sich zu finden, gibt es einen Ort, der auf der einen Seite Ziel des Helden ist, auf der anderen Seite aber auch die Bündelung des Widerstands gegen sein Ziel. Der Held kann diesen gefährlichsten Ort nur erreichen, wenn er auch seine eigenen dunklen Seiten anerkennt und sich so einem Kampf auf Leben und Tod aussetzt. Dieser Kampf auf Leben und Tod geht an die Grenzen seines Menschseins. In irgendeiner Weise stirbt der «alte» Held in seiner Kindlichkeit, und der erwachsene Held wird geboren. Dieser kann dann zu seinem Ziel gelangen und den gefährlichsten Ort seiner Mission erreichen.

Da Skywalker zu sich gefunden hat, erwachsen geworden ist und die Realität in ihrer Widerständigkeit erkennt, kann es hier endlich zum Wesentlichen, zum Entscheidungskampf, kommen. Zwar hat «der Held» schon gekämpft, doch war dies ein Kampf um das eigene Erwachsenwerden. Erst als Erwachsener kann das Wesentliche stattfinden: der Entscheidungskampf. Jetzt muss Skywalker aus der Ferne zurückkommen können und seine alte Welt neu betrachten. Im Falle von Skywalker steht der Kampf mit dem Vater (Darth Vader) an. Die Ambivalenz von Bösem und Gutem und ihr Dasein im eigenen Vater wird durchkämpft und durchlitten. Weil er eine Heldenrolle spielt, geht es im Entscheidungskampf um das Schicksal der Welt insgesamt. Der Kampf geht an die Grenze seiner Kräfte. Erst als alles verloren scheint, gelingt ihm unter Aufbietung all seiner Kampfesmoral die Rettung des Universums. Damit ist diese Welt zumindest für eine Zeit eine «geheilte» Welt.

Die gute Seite der Macht in der Republik kann wieder erstarken. Steht nun ein neues Goldenes Zeitalter an? Wird alles jetzt wieder geordnet, und wird die Unordnung, die in dieser Welt bestanden hat, endlich ganz aufgehoben? Ein Mythos macht immer wieder deutlich, dass es diese endgültigen «absoluten» Helden letztlich nicht gibt. Wird sich also die dunkle Seite der Macht wieder regen? «Star Wars: Das Erwachen der Macht (The Force Awakens)» gibt mit dem bösen Snoke, der die Neue Republik zerstören will, die Antwort: Helden können immer nur für einige Zeit Heilsbringer sein.

Kommen wir zum Schluss der Darlegungen noch einmal auf meine These zurück. Der Film «Highlander» war ungleich kunstvoller und hatte prinzipiell auch das Potenzial, Fortsetzungen und eine Zeichentrickserie etc. hervorzubringen. Die Thematik hat sich aber nicht als moderner Mythos durchgesetzt. Was diesem Film fehlte, war ein plausibler metaphysischer Rahmen, der dem modernen Menschen entspricht. Außerdem ist die Genese des dortigen Helden Connor MacLeod längst nicht so eindeutig schematisiert wie im Falle von Luke Skywalker.

Der Erfolg von «Star Wars» beruht also nicht nur auf genialer Vermarktung und dem eingangs beschriebenen ausuferndem Merchandising. Grundlage für die anhaltende Faszination für die «Star Wars»-Filme ist vielmehr eine ausgesprochen plausibel und detailliert ausgearbeitete Mythologie. Vor allem aber adressiert «Star Wars» äußerst effektvoll genau diejenigen spirituellen Zweifel und Unsicherheiten, welche für eine Moderne charakteristisch sind, die zwischen der metaphysischen Verlustgeschichte der letzten Jahrhunderte und dem Bemühen, auch im Zeitalter der Technikbeherrschung noch eine Form der Religiosität zu finden, zerrieben wird.

Die «Force» und die Jedi-Ritter

Tristan Garcia

Von Newton bis Yoda.
Die «Force» zwischen
Philosophie und Physik

Aus dem Französischen von Grit Fröhlich

In der ursprünglichen «Star Wars»-Trilogie erfährt man nicht sonderlich viel über die «Force», die «Macht» oder «Kraft», wie sie in der deutschen Fassung übersetzt wird. Was die verschiedenen Figuren, vor allem Yoda, darüber verraten, lässt sich zu drei Ideen bündeln: Zunächst ist die «Force» der Name für ein Energiefeld, das das gesamte Universum durchzieht und es zusammenbindet: Die «Force» «hält die Galaxie zusammen». Außerdem ist dieses universale Feld lokalen Schwankungen unterworfen, sodass es an einigen Stellen gestört ist («es gibt eine Erschütterung in der Macht»), anderswo verstärkt wird («die Macht wirkt stark in ihm»). Und schließlich können Lebewesen die «Force» spüren («spüre die Kraft, die dich umgibt»), und die «Force» reagiert wiederum auf sie, denn die unterschiedliche Stärke dieser Energie scheint von der Anwesenheit bestimmter Lebewesen abzuhängen, die die Fähigkeit haben, sie zu steigern, zu kontrollieren und sie insbesondere für Telepathie und Telekinese zu nutzen.

Das allgemeine Konzept der «Force», das in diesen drei Ideen aufscheint – die allesamt aus Szenen der ersten Trilogie zusammengetragen wurden –, ist eine fiktionale Erfindung, zu der Regisseur George Lucas durch eine Diskussion zwischen dem Experten

für künstliche Intelligenz Warren McCulloch und dem Regisseur
Roman Kroitor inspiriert wurde. Letzterer wandte sich gegen den
Reduktionismus McCullochs, der behauptete, Lebewesen könnten als Maschinen verstanden werden, auch wenn ihr Komple-
xitätsgrad sehr hoch sei. In einem Satz erwähnte Kroitor beiläufig, dass es einen radikalen Unterschied zwischen organischem
und anorganischem Leben gebe, der in einer Art «Lebenskraft»
bestünde. Aus der aufgewärmten alten Debatte über die Reduk-
tion des Biologischen aufs Mechanische nahm der junge George
Lucas einen verschwommenen Begriff mit, den Begriff der «Force».
Durch ihn integrierte er in eine moderne westliche Science-Fic-
tion-Phantasiewelt die fernöstlichen Konzepte von «Qi» oder
«Prana». Denn wie das Qi, das den Ursprung des Universums bildet, in den Körpern fließt und sie miteinander verbindet, so ist
auch die «Force» «ein Energiefeld, das alle lebenden Dinge erzeu-
gen. Es umgibt uns, es durchdringt uns.» George Lucas baut sein
Science-Fiction-Universum um eine «Force» herum, die kosmolo-
gische Kraft und Lebenskraft zugleich ist und entfernt Anleihen
bei nicht westlichen Traditionen sowie beim modernen Vitalis-
mus macht. Damit unterscheidet sich sein Projekt von Anbeginn
an von der gesamten klassischen Science-Fiction, die ihm scheinbar als Vorbild dient. Rationale Erklärungen der Welt, der Wissenschaft oder der Technik werden hier an keiner Stelle positiv
betrachtet: Allein die «Force» gilt als seriös. Technik wird als Baste-
lei und Pfusch verstanden. Das beste Beispiel dafür ist Han Solos
unablässige Schrauberei an seinem Raumschiff, dem Millennium
Falken. Han weigert sich, auf ein «mystisches Energiefeld» zu vertrauen, das sein Schicksal lenkt. Als Bastler, Schmuggler und Prag-
matiker spielt er eine amüsante Rolle am Rande, neben denen, die
das «mystische Energiefeld» anerkennen und beherrschen.

«Star Wars» ist also ganz sicher keine Fiktion von einer wissenschaftlichen Welt. Der Film gibt den Glauben der Pioniere des goldenen Zeitalters der amerikanischen Science-Fiction auf, die wie Isaac Asimov oder Robert A. Heinlein auf Wissenschaft und Technik als emanzipatorische Möglichkeiten für die ganze Menschheit gehofft hatten. George Lucas kehrt dieser rational begründeten Welt entschieden den Rücken. Was oft vergessen wird: «Star Wars» spielt in einer weit entfernten Vergangenheit. «Es war einmal vor langer Zeit in einer weit, weit entfernten Galaxis ...» Von Science-Fiction behalten die ersten drei Filme gerade einmal die Kulisse der Space Opera in der Tradition vom «Lensmen-Zyklus» bis hin zu «Star Trek» bei: Raumschiffe durchpflügen die Weiten des Weltalls, Laserwaffen kommen zum Einsatz, vielfältige Spezies bevölkern den Kosmos. Ansonsten muss «Star Wars» als Mythos betrachtet werden, der komplett in der Vergangenheit spielt, sich mit unserer Vergangenheit beschäftigt, mit den Ursprüngen von Wissenschaft und moderner Vernunft. Und der Gegenstand dieses Mythos ist die «Force» beziehungsweise die Kraft, das heißt die ursprüngliche Schwachstelle des westlichen Rationalismus, insbesondere der Newton'schen Mechanik.

Was ist die Kraft Newton zufolge? In allen Bewegungsgesetzen spielt sie eine Rolle, ist aber nirgends genau definiert; sie ist das Beschleunigungsprinzip der Körper (Newton spricht vom «Moment») multipliziert mit ihrer konstanten Masse. Abgesehen von der Trägheitskraft (die als «innere» Kraft bezeichnet wird), handelt es sich bei der Kraft um einen Druck, der auf das Äußere aller physischen Gegenstände in Abhängigkeit von ihrer Masse einwirkt, egal welcher Natur diese Gegenstände sind: Ob Nussbaumholz oder Marmor, wenn sie die gleiche Masse besitzen, wirkt die Kraft in gleicher Weise auf sie ein. Im Gegensatz zur Potenz, der aristotelischen «Dynamis», die die Form eines jeden Wesens ausdrückte, berücksichtigt die Kraft, wie Newton sie versteht, überhaupt nicht mehr, was das Wesen der Dinge ausmacht. Sie verkörpert ein Kraftfeld, und es ist gleichgültig, auf welche Entitäten sie einwirkt: Es ist dieselbe Kraft, die den Vogel vom Boden abheben lässt, einen sich bewegenden Körper auf einer Ebene schiebt, jeden menschlichen Körper, der der Gravitation unterworfen ist, mit sich reißt und seine Bewegungen je nach Masse und Beschleunigung bestimmt. Diese Kraft der klassischen Physik ist nicht mehr ein Prinzip, das sich in den Dingen verbirgt, sondern ein Feld, das außerhalb der Dinge wirkt. Die Kraft bricht mit dem metaphysischen Charakter der aristotelischen «*Dynamis*», dem «*Pneuma*» der Stoiker oder mit den Konzepten einer Ursprungsenergie wie «*Qi*», «*Prana*» oder «*Soma*». Sie vertritt nicht mehr den Anspruch eines metaphysischen Prinzips, sondern nur noch den eines physischen. Dennoch bleibt sie lediglich ein Prinzip, denn ihre Definition ist zirkulär: Um zu erklären, was die Kraft ist, muss man sie voraussetzen.

Diese A-priori-Verwendung des Konzepts der Kraft überzeugt Newtons englische Schüler anfangs noch. Doch als das Projekt einer rationalen Begründung der Mechanik weitere Kreise zieht, wird sie schnell unhaltbar. Wie der Mathematiker und Historiker der Naturwissenschaften Clifford Truesdell schreibt, ist «der Begriff der Kraft der schwache Punkt von Newtons Konstrukt, wie es Mach, in der Nachfolge von Leibniz und d'Alembert, klar erkannt hat». Etwa fünfzig Jahre nach dem Erscheinen von Newtons «*Principia*» hoffte d'Alembert bereits, die Kraft auf eine reine Manifestation der Bewegung reduzieren zu können und bezeichnete die Kräfte, die bei Newton am Werk waren, als «undurchsichtige und metaphysische Wesen, die zu nichts anderem fähig sind, als Schatten auf eine an sich völlig klare Wissenschaft zu werfen». In den Augen materialistischer Wissenschaftler war das undefinierbare Konzept der Kraft für die Physik ebenso lästig wie der Äther. Es sollte entweder durch Begriffe analysiert werden, die man erklären konnte, oder aber aus der Wissenschaft verbannt werden. Nach d'Alembert versuchten Kirchhoff oder Mach, das Newton'sche Projekt der Allgemeinen Mechanik neu zu formulieren, wobei sie den Begriff der Kraft nur sparsam verwendeten – ohne die wissenschaftliche Community jemals ganz zu überzeugen.

Auf dem internationalen Physikkongress von 1900 in Paris fasste Poincaré die zwei Jahrhunderte währenden Zweifel zusammen und fragte sich öffentlich, ob die Gleichung $F = ma$ experimentell überprüfbar sei, da, wie er eingestand, «wir noch immer nicht wissen, was Masse und Kraft sind». Im aktuellen Physiklehrbuch von Dransfeld liest man noch heute, dass die Kraft «nicht definierbar» sei. Als Ursache der Beschleunigung ist sie durchaus die Ursache für etwas Reales, was man beobachten und messen kann (nämlich die Beschleunigung); daraus wird abgeleitet, dass die Kraft ebenso real sei. Aber dafür gibt es keinen Beweis.

So unmöglich es ist, die Kraft rational zu begründen, so wenig kann man auf sie verzichten.

Es ist das Schicksal des Rationalismus: Wenn alles erklärt ist, so entzieht sich das Prinzip der Erklärung selbst dem Bereich des Erklärbaren, als ob ein Feuer, das mit seinem Licht das ganze Universum erhellte, allmählich einen Schattenfleck erkennen ließe. Man kann alle Dinge erklären – außer der Vernunft, mit deren Hilfe dies gelang. So auch beim modernen Konzept der Kraft, dem Instrument zur rationalen Begründung der Mechanik schlechthin, das absolut immun bleibt für die Erklärungen, die sein Gebrauch dennoch ermöglicht.

Wenn man alles mit der Kraft erklärt, kann die Wissenschaft immer weniger erklären, was die Kraft selbst eigentlich ist. Hier kommt der Mythos ins Spiel, mit dem das rationale Begründen seinen Beginn oder sein Ende findet.

Die «Force» in «Star Wars» ist also, extrem vereinfacht, der mythische Bodensatz der Geschichte des klassischen westlichen Rationalismus. Die Kraft war der archimedische Punkt, von dem aus die Mechanik seit dem 17. Jahrhundert die gesamte Materie anhob, doch dieser Punkt erwies sich als Fiktion. Je mehr die modernen Wissenschaften metaphysische und physische Erklärungsprinzipien der Welt voneinander trennten, umso mehr bauten sie auf einen nicht weiter erklärbaren Begriff, der nicht aufzulösen war. Von dieser undurchsichtigen Kraft ausgehend, die hoffnungslos metaphysisch ist und die die Wissenschaft loszuwerden versuchte, schuf «Star Wars» den ersten universalen Mythos, als gigantisches Projekt der Filmindustrie. Die Saga baut auf ein Einheitsprinzip, das für den Zusammenhalt der Dinge verantwortlich ist und zugleich für die Gesetze der Bewegung von Gegenständen im Raum. So verwandelt «Star Wars» den blinden Fleck des Rationalismus in einen mythischen Gegenstand: Das, was die Vernunft nicht erklären kann, erklärt nun alles und wird zum Prinzip des gesamten Seins.

Diesen undurchsichtigen, sich jeder rationalen Begründung entziehenden Ursprung, der seit dem 17. Jahrhundert in unseren Wissenschaften seine Schatten auf die Beschreibungen von Materie wirft, verwandelten die von George Lucas erfundenen Jedi-Ritter in das Einheitsprinzip einer vormodernen, mythischen Welt, die wie die Kehrseite unserer eigenen ist. In jener Welt stammt alle Macht (militärische, politische, moralische) nicht aus der wissenschaftlich und technisch rationalen Begründung der Bewegung, sondern aus der Beherrschung dessen, was sich dieser rationalen Begründung entzieht. Mit der Kraft des Geistes und des Willens kann ein Lebewesen aus der Ferne auf die Materie einwirken, denn der geistige Daseinsgrund des Universums ist zugleich auch die physische Ursache von Bewegung. Diese organische Einheit von Geist, Lebewesen und Materie versprach die Mechanik aufzugeben, als sie die Bewegung mit einer Kraft erklärte, die nichts Geistiges und nichts Lebendiges mehr hatte. Genau diese organische Einheit inszeniert «Star Wars» filmisch, setzt sie gegen die moderne Vernunft und baut dabei auf dem unerklärbaren Kern aller Erklärungen von Bewegung auf: dem undefinierbaren Charakter der Kraft. Natürlich ist «Star Wars» nicht der einzige moderne Mythos der Antimoderne. Vor Lucas' Filmen waren bereits Tolkiens «*Herr der Ringe*» und später Rowlings «*Harry Potter*» große zusammenhängende Erzählungen, die als universales Prinzip das in Szene setzten, was die instrumentelle Vernunft verdrängt hatte, in diesem Falle die Magie. Doch die Originalität von «Star Wars» besteht darin, unter dem Deckmantel einer Science-Fiction-Welt den fiktiven Punkt der modernen Wissenschaft aufgespürt und benannt zu haben.

Wir könnten es hierbei belassen, doch die Existenz einer zweiten Trilogie verändert dieses Verständnis erheblich. Ab dem Film «*Die dunkle Bedrohung*» – und zum großen Leidwesen der meisten «Star Wars»-Fans – entschied sich George Lucas dazu, seinen Mythos zu begründen und die «Force» in Begrifflichkeiten der modernen Wissenschaft zu erklären. Verantwortlich für die «Force» sind Mikroorganismen, die «Midi-Chlorianer» (nach dem Vorbild der Mitochondrien), die im ganzen Universum verteilt sind, und insbesondere bei Lebewesen vorkommen. Dank der Midi-Chlorianer kann man die «Force» sowohl lokalisieren als auch messen. So kommen ihnen alle Eigenschaften einer in den Augen der experimentellen Wissenschaft legitimen Entität zu. Die Jedi beeilen sich, Anakin Blut abzunehmen, um dessen Midi-Chlorianer-Gehalt zu messen und so genau festzustellen, wie stark die «Force» ist, die von ihm ausgeht.

Die «Force» ist nun auf einen beobachtbaren Mikroorganismus reduziert, sie ist nicht länger der mythische Name für die zerbrochene Einheit von Physischem und Metaphysischem, sondern die fiktive Konzeption einer Eigenschaft, die Materie und Leben gemein haben und die es ermöglicht, kausale Beziehungen zwischen Geist, Biologie und Physik (zumindest vage) zu beschreiben. Die «Force» war mythisch, weil sie sich allen Kriterien entzog, die Newtons «*Principia*», Descartes' Methode oder die später von Claude Bernard formulierten Regeln der experimentellen Wissenschaften aufgestellt hatten. Sie behauptete ganz im Gegenteil die Existenz all jener Dinge, die vom Rationalismus verleugnet worden waren: dass Handlungen aus der Ferne unmittelbare Wirkung haben können, dass die «Force» selbst weder beobachtbar noch messbar sei, die Einheit von Metaphysik und Physik, dass Lebewesen die Gesetze, die die Materie bestimmen, nach Belieben verändern können.

Wenn Lucas wiederholt behauptet hat, seine pseudowissenschaftliche Erklärung durch die Midi-Chlorianer sei bereits in den ersten Drehbuchversionen der Saga angedacht gewesen und sie tauche in den ersten drei Filmen ganz einfach nicht auf, weil es dafür weder Zeit noch Mittel gab, muss man also annehmen, dass der Mythos der «Force» von Anfang an verfälscht war. Warum? Weil wir hier eine Tendenz beobachten können, die den meisten modernen Mythen innewohnt. Die Erfinder moderner Mythen haben häufig den Drang, sich nicht damit zufriedenzugeben, bloß die Grenzen der modernen Wissenschaft aufzuzeigen. Ihr Anspruch ist es, an deren Stelle zu treten, und damit verlieren sie auf einen Schlag alle Eigenschaften des Mythos. Fast alle unserer zeitgenössischen Mythen fallen diesem Drang zum Opfer: Sie greifen den Rationalismus an und enden fast immer damit, dass sie das Bedürfnis haben, *sich zu erklären* und zu einem *System zu werden*. Und am Ende äffen sie die rationale Begründung der Welt nach, deren wunden Punkt sie gerade zuvor entdeckt hatten. So erging es Tolkiens melancholischem Mythos, der von den Fans so ernst genommen wurde, dass sie unter Einbezug der Ausgaben des «*Silmarillion*» eine große kosmogonische Erzählung daraus machten, die einer Buchreligion würdig ist. Sie erhoben Tolkiens Geschichten zu einem Wissensrepertoire über Völker, Sprachen und Länder, das mit dem enzyklopädischen Wissen konkurriert. Ähnliches geschah in den weitläufigen Universen der Popkultur mit dem «Buffyverse», der Mythologie der «*Akte-X*» oder dem Marvel-Universum. Sie verheißen, das System unserer wissenschaftlichen Gesetze oder das Prinzip des modernen Fortschritts umzustoßen, sie spüren die Achillesferse des gesamten Projekts auf – in «Star Wars» das Konzept der Kraft –, sie verwandeln dieselbe in einen positiven Mythos, knüpfen an Begriffe an, die zum Teil animistisch, oft heidnisch, fast immer jedenfalls nicht westlich sind.

Doch dann packt sie der Ehrgeiz und ein verzweifelter Wille, auf gleicher Höhe mit der modernen Wissenschaft zu stehen, deren unwiderrufliche Konzeptionsschwäche sie zuvor doch gerade gezeigt hatten, und es gelingt ihnen fast nie, sich als Mythen zu erhalten. Vom Mythos über die Schwachpunkte des Rationalismus kommt es von einem Tag auf den anderen zur rationalen Begründung des Mythos. Das ist der Grund für all unsere Enttäuschungen.

Wenn man George Lucas' Saga in der chronologischen Reihenfolge ihrer Verfilmung schaut, begeistert man sich zunächst für eine «neue Hoffnung» in Mythen, die die Wissenschaften und die moderne Vernunft angreifen, und muss schließlich eingestehen, dass wir das ununterdrückbare Bedürfnis haben, den Mythos wissenschaftlich zu begründen.

Die Kraft, dieser undefinierbare wunde Punkt der Physik, auf dem «Star Wars» seine Mythologie der «Force» begründete, ist zu ihrer größten Schwäche geworden.

Baptiste Morizot

Priester für unsere Zeit. Der Jediismus als postmoderne Religion

Aus dem Französischen von Grit Fröhlich

Bei einer Volksbefragung 2001 im angelsächsischen Raum trat ein interessantes Phänomen zutage: Mehr als 500 000 Personen trugen in das Feld Religion ein: «Jediismus» oder «Jedi-Ritter». Diese soziologische Tatsache gibt Anlass zu einer Hypothese: Ist der Glaube an die «Force» ein Symptom für die *metaphysischen Bedürfnisse* einer Gesellschaft, die Gott getötet hat?

Zunächst ist der Glaube an die «Force» der Glaube daran, dass es im Universum «etwas» gibt. «*Ietsismus*» – das im Niederländischen geprägte Wort für den nicht näher bestimmten Glauben an ein höheres «Etwas», niederländisch *iets* (etwas) – ist der parodistische Name, den die Theologie für solche unbestimmten modernen Glaubensformen gefunden hat. Wenn auch viele von uns Abstand von den traditionellen Religionen genommen haben, so glauben wir doch trotz allem, dass es «etwas» gibt. Der Ietsismus ist wahrscheinlich die am weitesten verbreitete Religion im Westeuropa des 21. Jahrhunderts. Hinter dem komischen Namen dieser Glaubensrichtung verbergen sich weit mehr Inhalte, als es auf den ersten Blick scheint. Zunächst ist dieser Glaube zutiefst affirmativ: Wenn man sagt, dass es etwas gibt, heißt das, es ist überhaupt etwas und *nicht vielmehr nichts*. Das erscheint zunächst als das genaue Gegenteil von Atheismus. Trotzdem ist letztlich die Aussage, dass es *etwas* gibt, vor allem eine elegante Art zu sagen, dass es sich dabei nicht um einen *Jemand* handelt.

Der Jediismus oder die Religion der «Force» ist ein Ietsismus des 21. Jahrhunderts. Zunächst schließt die Metaphysik der Kraft jeglichen transzendenten Gott aus. Es gibt keinen personalen Gott, der über der Welt schwebt mit einem göttlichen Plan und Willen. Die «Force» ist eine jedem Lebewesen immanente Entität, die anhand der «Midi-Chlorianer» messbar ist, welche kleine Bestandteile der Körperzellen sind. Es ist eine Religion, die mit der Molekularbiologie beginnt. Das klingt nach Zeitgeist. Als Qui-Gon Jinn den Gehalt dieser Organellen im Blut des jungen Anakin Skywalker bestimmt, entdeckt er, dass er der *Messias* sein muss. Der Ietsismus der Zukunft muss wissenschaftlichen Untersuchungen standhalten: Götter müssen experimentell messbar sein.

Bis hierhin jedoch unterscheidet sich die «Force» noch nicht von einer physischen Kraft: Wie bei der Elektrizität haben diejenigen, die sie einzusetzen wissen, ein großes Potenzial, aber letzten Endes handelt es sich nicht um ein spirituelles Prinzip. Wie kommt man also von der Wissenschaft zur Metaphysik – von der Kraft zur «Force»? Es bedarf noch einiger Tricks und Tipps aus dem Repertoire der traditionellen Religionen, um die metaphysischen Bedürfnisse eines atheistischen Glaubens zu befriedigen. Was also sind die notwendigen Versatzstücke für eine postmoderne Religion?

Dem Philosophen Peter Sloterdijk zufolge sind Religionen keine Glaubenssysteme, sondern «anthropotechnische Übungssysteme und Regelwerke zur Selbstformung im inneren wie äußeren Verhalten». Die «Force» gibt zunächst einen ethischen Kompass an die Hand: «Es gibt keine Gefühle, nur Frieden. Es gibt keine Unwissenheit, nur Wissen. Es gibt keine Leidenschaft, nur

Gelassenheit. Es gibt keinen Tod, nur die «Force».» Dieser Kompass weist mithin auf eine Lebensform, die derjenigen traditioneller östlicher Spiritualität verwandt ist: Er weist einen klaren Weg im Chaos der Möglichkeiten, einen *aufsteigenden* Weg. Er verspricht mithin Sinn und Erfüllung. Genau einen solchen Weg hat Peter Sloterdijk im Blick, wenn er die Frage «Was ist deine Religion?» übersetzt mit «Was ist dein Übungssystem?».

Die Religion der «Force» kann man mit Sloterdijk als «psychoimmunologische» Praxis sehen, welche geeignet ist, den metaphysischen Gefahren zu begegnen, die das postmoderne Leben birgt. Sloterdijk definiert Religionen als «symbolische Übungssysteme und Protokolle zur Regelung des Verkehrs mit höheren Stressoren und ‹transzendenten› Mächten». Die Frage ist: Was sind «höhere Stressoren» im postmodernen Leben?

Betrachtet man die Geschichte der Menschheit, so hatten ohne Zweifel verschiedene Phänomene diese Rolle inne wie zum Beispiel Krankheiten, Kriege, Willkürherrschaften ... Der entsprechende Gott musste folglich die unvermeidlichen Dramen rechtfertigen. Doch worin besteht der höhere Stressor in Gesellschaften, wo alles bequem und geschützt ist?

Im Zentrum der Metaphysik der «Force» steht das Gleichgewicht. Ein Gleichgewicht zwischen den beiden Seiten der «Force», zwischen Licht und Dunkelheit. Dieses Thema offenbart ein grundlegendes Bedürfnis jeder Religiosität: Es braucht ein kosmisches Gleichgewicht, das sich auf einen Wert gründet, der uns übersteigt. In der postmodernen Philosophie hingegen projizieren allein die Menschen Werte auf eine neutrale, stumme Natur, stülpen sie ihr quasi über, während die Natur selbst keinerlei intrinsische Normativität besitzt und für sich selbst kein Gut und Böse kennt. Die Moderne machte daraus ein Privileg, die Postmoderne sieht darin auch eine Last.

Der zweite Aspekt, der aus der «Force» eine metaphysische und nicht bloß physische Entität macht, ist, dass sie zu uns *spricht*, während im Humanismus moderner Denker die Natur völlig stumm ist. Die «Force» spricht in jedem, und Meister Yodas häufiger Rat ist es, auf «den Willen der *Force*» zu hören. Der «höhere Stressor» des postmodernen Menschen ist vielleicht die stumme Absurdität des Universums: kein Gleichgewicht, keine Bedeutung, keine Offenbarung. Hier sieht man gut, was das Bedürfnis des postmodernen Menschen ist, der eine atheistische Metaphysik schafft: Es braucht eine Natur, die uns «auf sanfte Art» führt, um es mit Montaigne zu sagen. Der Glaube an die «Force» entspricht dem *naturam ducem sequi*, «der Natur als Führerin folgen», wie die Empfehlung jener Philosophen lautet, die davon ausgehen, dass uns die Natur zu einem höheren Gut führen kann. Eine Instanz also, die uns absolute moralische Richtlinien gibt. Die «Force» besitzt eine kosmische Moral, die uns übersteigt, eine Normativität jenseits des Menschlichen. Und sie ermöglicht einen den Zugang dazu («hört die Force in euch»), sie erlaubt es zu verstehen, *wie man handeln muss*, um zu diesem Gleichgewicht beizutragen.

Letztendlich löst die *Force* als Universalprinzip mühelos eins der vertracktesten politischen Probleme der Postmoderne. Der Experte für Bioethik H. Tristram Engelhardt definierte die Postmoderne als Zerplatzen des universalen Projekts der Aufklärung und Zersplitterung der Menschheit in verschiedene moralische Gemeinschaften, die sich teilweise sogar feindlich gegenüberstehen. Man könnte «Star Wars» als Parabel des Multikulturalismus verstehen, eine Parabel über die Schwierigkeiten des Zusammenlebens, wenn eine unendliche Vielfalt von Spezies und Kulturen in einer intergalaktischen Republik zusammenleben. Doch weit gefehlt, denn das Problem des Multikulturalismus lautet: Auf welchen gemeinsamen Wert soll sich Gerechtigkeit gründen, wenn die Sitten und die Vorstellungen vom Guten so stark voneinander *verschieden* sind? Allein die «Force» kann eine Antwort auf diese Frage geben. Die Myriaden von Völkern und Spezies des Star Wars-Universums stehen der Einheit der Gesetze nicht entgegen, denn es gibt einen universellen Wert, zu dem all jene Zugang haben, die auf die «Force» hören. Lucas nimmt den absoluten Multikulturalismus des 21. Jahrhunderts vorweg mitsamt der Zersplitterung der Menschheit in moralische Gemeinschaften, die im Konflikt zueinander stehen. Sein Film übertreibt dabei, indem er Myriaden nicht menschlicher Kulturen erfindet, aber ihm gelingt dieser moralische Turmbau zu Babel, indem er als Fundament einen absoluten Wert erfindet, der eine universelle kosmopolitische Gerechtigkeit ermöglicht: das Gleichgewicht der «Force».

Wenn man es so betrachtet, ist trotz unendlicher Sternenkriege und Diktaturen unheilvoller Hexenmeister das Universum von «Star Wars» für uns *entspannend*: Es verleiht dem Kosmos eine Spiritualität, die man im Labor messen kann, einen Weg, der das Leben eines jeden nach oben hin ausrichtet, einen universellen Wert, der die Egos und die Kulturen überschreitet, und eine innere Stimme, die uns leitet und das ewige Schweigen dieser unendlichen Räume bricht. Wir sind nicht mehr allein im Kosmos.

«Der Weise aber ist frei von Emotionen ...». Die Jedi als Stoiker

«Furcht ist der Pfad zur dunklen Seite»

YODA IN *Die dunkle Bedrohung*

Angesichts einer Welt, in der das Böse herrscht und die von Krieg und Gewalt zerrissen wird, ziehen sich die Weisen zurück in ein Leben, das ganz nach Innen gewandt ist. Das ist zum einen die Ausgangslage von «Star Wars», wo die beiden letzten überlebenden Jedi, Obi-Wan Kenobi und Yoda, als Einsiedler auf den abgelegenen Planeten Tatooine und Dagobah wohnen und sich innerer Tugend befleißigen, ohne Hoffnung auf Anerkennung und ohne den Anspruch, ins politische Geschehen, das vom bösen Imperium beherrscht wird, einzugreifen.

Zum anderen ist das aber auch eine Zusammenfassung des Buches «De constantia» (Von der Standhaftigkeit) von Justus Lipsius aus dem Jahre 1584; ein Werk, das mitten in der Zeit der Religionskriege, die Europa zerrissen, für Standhaftigkeit und die Rückbesinnung auf innere Werte eintrat. Lipsius gilt als einer der wichtigsten Denker des sogenannten «Neustoizismus», der neuzeitlichen Wiederbelebung der antiken Philosophie der Stoa, die ihre Anfänge mit den Schulgründern Zenon und Chrysippos im 3. Jahrhundert v. Chr. in Athen hatte und bis in die römische Kaiserzeit wichtig blieb. Nach ihrer Wiederentdeckung im 16. Jahrhundert übte sie auf Denker wie Descartes, Spinoza oder Hobbes maßgeblichen Einfluss aus.

Offensichtlich entfaltete die Stoa auch in einer weit, weit entfernten Galaxie eine nicht unbeträchtliche Wirkung. Denn die Jedi haben zwar viele Gemeinsamkeiten mit den ostasiatischen Samurai oder den taoistischen Weisen, aber sie sind in mancher Hinsicht auch geprägt von der europäischen Tradition der Stoiker. Viele Elemente am Jedi-Orden lassen sich direkt auf die stoische Philosophie beziehen: Am augenfälligsten ist die Skepsis gegenüber Gefühlen, aber die Ethik der Harmonie mit der Natur, das Ideal der Indifferenz gegenüber äußeren Übeln, die Haltung des Rückzugs in die Innerlichkeit gehören ebenso dazu. Oder auch die Idee einer «Force», die das Universum durchwaltet.

Äußeren Übeln gegenüber indifferent – der Rückzug in die «innere Festung»

Wer den Jedi-Orden durch die Brille der politischen Philosophie betrachtet, wird wohl die Warnung der Jedi vor schlechten Emotionen nicht als das Auffälligste empfinden, sondern – in der Gesamtschau auf die ersten sechs Episoden – die Tatsache, dass ihre letzten Mitglieder in den Episoden IV bis VI offensichtlich seit 30 Jahren gänzlich zurückgezogen leben und sich mithin vom Anspruch, politisch etwas gegen das Böse zu tun, vollkommen befreit haben. Erstaunlich eigentlich, wenn man bedenkt, wie politisch involviert die Jedi in den Episoden I bis III sind, wo sie die Macht hinter der Macht verkörpern, als demokratisch nicht legitimierte Hüter der Ordnung hinter den Repräsentanten der Galaktischen Republik.

Im weiteren Verlauf der Filmhandlung mischen sich Obi-Wan

Kenobi und Yoda zwar zusehends mehr ein und unterstützen die Rebellenallianz oder zumindest deren Hoffnungsträger Luke Skywalker. Doch zunächst leben sie 30 Jahre gänzlich apolitisch im Exil. Kein heimliches Training von Widerstandskämpfern, keine Versuche, Allianzen zu schmieden. Vielmehr ein Leben in äußerster Zurückgezogenheit auf den entlegensten Planeten. Trotzdem, so legt es die weitere Filmhandlung nahe, bleiben beide im Kern Jedi-Ritter, ihre Weisheit und ihre besondere Verbindung mit der «Force» ist von äußeren Umständen unberührt. Das Politische gehört mithin ganz offensichtlich nicht zum Wesen eines Jedi dazu, vielmehr kann ein Leben im Einklang mit der «Force» auch im gänzlichen Verzicht auf Wirkung nach außen gelebt werden.

Grundlage für eine solche Abwendung vom politischen Geschehen ist bei den Stoikern eine Ethik, die zwar nicht gegen politisches Handeln ist, die aber streng unterscheidet zwischen einem einzigen, wahren und wirklichen Gut und einer Fülle von nur scheinbaren Gütern. Anders als Aristoteles, für den die Tugend eng mit dem politischen Engagement als Bürger der Polis verbunden ist, sehen die Stoiker die aktive Teilnahme am Weltgeschehen nicht für sich genommen als Tugend an. Grundlage für ein glückliches, gelingendes Leben ist ihnen zufolge vielmehr eine dem Subjekt gänzlich innere Tugend: ein vernünftiges Leben im Einklang mit der eigenen (vernünftigen!) Natur und mit der Natur des Gesamtkosmos, der ebenfalls vernünftig arrangiert ist. «Glücklich ist also ein Leben im Einklang mit der eigenen Natur», schreibt der späte Stoiker Seneca.

Alle der Seele äußerlichen Dinge sind der stoischen Auffassung zufolge nur scheinbar gut oder übel, in Wahrheit aber «indifferent». Der stoische Weise ist mithin, christlich ausgedrückt, ausschließlich um sein Seelenheil besorgt, und wenn er sich in die

Welt einmischt, dann immer unter dem Vorbehalt, dass alles, was er darin tut, weniger wichtig ist als sein Bemühen um individuelle Tugend und um ein Leben im Einklang mit der Natur. Es ist also eine bis zum Extrem getriebene Ethik der Unabhängigkeit von äußeren Umständen, die der spätantike Kompilator Diogenes Laertius folgendermaßen zusammenfasst: «Gut seien die Tugenden, die Einsicht, Gerechtigkeit, Tapferkeit, Maßhaltung und so weiter, bös das Entgegengesetzte: Unverstand, Ungerechtigkeit und so weiter; keines von beiden aber, was weder nützt noch schadet, zum Beispiel Leben, Gesundheit, Lust, Schönheit, Kraft, Reichtum, Ruhm, hohe Geburt und so das diesen Entgegengesetzte: Tod, Krankheit, Schmerz, Häßlichkeit, Schwäche, Armut, Ruhmlosigkeit, niedere Geburt und was dem ähnlich (...). Das seien nämlich keine Güter, sondern an sich gleichgültige Dinge, die nur teilweise in gewisser Hinsicht wünschenswert seien.»

Das Besondere an einer solchen Ethik ist, dass sie scharf unterscheidet zwischen dem, was in unserer Macht steht, und dem, was wir nicht direkt kontrollieren können – und nur Ersterem Wert beimisst. Wann wir sterben, ob wir reich oder schön sind, ob unser Gemeinwesen politisch so arrangiert ist, wie wir es möchten – all diese Dinge sind für die Stoiker zwar «wünschenswert», aber kein Wert an sich.

Diese souveräne Verachtung äußerer Faktoren, die so zentral ist für das stoische Denken, erklärt sich zweifelsohne auch aus der Entstehungszeit der antiken Stoa, dem postdemokratischen Hellenismus, wo die Freiheit, sich als Bürger für das Gemeinwohl einzusetzen, im Vergleich zur Blüte der griechischen Demokratie massiv eingeschränkt worden war. Auch im 16. Jahrhundert, als Europa von Religionskriegen zerrissen wurde und in Kriegsgräueln versank, bot die Philosophie der Stoiker und ihre Rhetorik der innerlichen Distanzierung eine gute Möglichkeit, sich vom Schmerz und vom Übel der Welt unabhängig zu machen. Der große politische Philosoph Isaiah Berlin bezeichnet diese Haltung als Rückzug in die «innere Zitadelle» und nennt als Vertreter neben antiken Stoikern auch buddhistische Weise. Auch die letzten überlebenden Jedi Obi-Wan Kenobi und Yoda, die nach dem Verfall der Galaktischen Republik und der Übernahme durch einen bösen Imperator als Einsiedler ihr Dasein fristen, geben hervorragende Beispiele dafür ab.

Die Warnung vor dunklen Gefühlen

«Zorn. Furcht. Aggressivität. Die dunklen Seiten der Macht sind sie. Besitz ergreifen sie leicht von dir.» Was Yoda in Episode V («Das Imperium schlägt zurück») Luke Skywalker bei dessen Ausbildung zum Jedi mit auf den Weg gibt, ist eindeutig stoisch: die Warnung vor Emotionen, und insbesondere vor negativen, gilt über die Jahrhunderte hinweg als Kern der stoischen Philosophie. «Der Weise aber ist frei von Emotionen», lautet das bekannteste Diktum der Stoiker, das mal zustimmend, mal spöttisch zitiert wird.

Die Emotionslehre ist für die Stoiker nicht zuletzt deshalb von zentraler Bedeutung, weil sie eng mit der Tugendlehre verbunden ist: Die Tugend ist für die stoische Philosophie wesentlich an die Unterdrückung, oder wie sie es ausdrücken, die «Ausmerzung» der Passionen gebunden. Indem der Kosmos, mit dem der Tugendhafte im Einklang leben soll, als insgesamt vernünftig definiert wird, wird auch die Tugend eng mit der Vernunft verknüpft. Nur derjenige kann das stoische Ideal erfüllen, der die Emotionen, diese vorschnellen, fehleranfälligen, sinnlichen Reaktionen auf die Umwelt, gänzlich ausschaltet und jeder Situation einzig und allein durch vernünftiges Nachdenken begegnet, auch wenn es um Leben oder Tod geht. Emotional geleitete Einstellungen und Handlungen reagieren auf die äußeren Dinge der sinnlichen Welt, die für die Stoiker das Indifferente sind. Ganz so wie Anakin Skywalker den von ihm befürchteten Tod seiner Frau Padmé Amidala für ein Übel hält; eine emotional geleitete Haltung, die ihn letztlich zur dunklen Seite hinübertreibt und ihn den Rat des Meisters Yoda überhören lässt, der ihm erklärt: «Der Tod ist ein natürlicher Teil des Lebens. Du solltest froh sein für diejenigen, die in die ‹Force› gehen. Betrauern sollst du sie nicht. Vermissen sollst du sie nicht. Zuneigung führt zu Eifersucht. Der Schatten von Gier das ist.» Emotionen, so lehrt uns der Stoiker Meister Yoda, gebären neue Emotionen, eine schlechter als die andere. Das böse Ende, das Anakin Skywalker ereilt, weist aber auch auf eine Problematik hin, die bei den Stoikern ebenso wie bei den Jedi angelegt ist: eine überaus elitäre Auffassung der Tugend. Die strenge Anbindung der Tugend an ein ausschließlich und dauerhaft rationales Leben lässt sie für Normalsterbliche schier unerreichbar erscheinen. Die Idealfigur des fast gottgleich ausgeglichenen stoischen Weisen wurde auch schon in der Antike mit viel Kritik und auch Spott bedacht. Die häufig in Meditation versunkenen Jedi-Meister und der von ihnen vorgelebte Anspruch, sich von Gefühlen gänzlich frei zu machen, ist ähnlich weit entfernt von dem, was durchschnittliche Menschen für sich erreichen können.

Es fällt allerdings auf, dass die Jedi vorwiegend vor einer bestimmten Art von Emotionen warnen: Furcht, Zorn, Wut, Aggressivität, Eifersucht, Gier, Hass – also alles negative, dunkle und gefährliche Gefühle. Misstrauisch sind sie außerdem gegenüber bestimmten positiven Emotionen, namentlich denjenigen, die im weitesten Sinne mit Sexualität zu tun haben: Liebe, Leidenschaft, Begehren. Gefühle also, die auch in der abendländischen

Philosophie ob ihrer allzu großen Heftigkeit lange als bedrohlich galten. Der Jedi-Orden ist, das wird in der Prequel-Trilogie sehr klar, zölibatär eingerichtet, der Padawan Anakin Skywalker muss folglich seine Liebe zu Padmé Amidala verheimlichen, was seine Entfremdung von den Jedi weiter beschleunigt.

Aber die Jedi verdammen nicht rundweg alle Gefühle, manche halten sie sogar für besonders wichtig. «Erforsche deine Gefühle», «achte auf deine Gefühle» und «nutze deine Gefühle» sind häufig gesagte Sätze im «Star Wars»-Universum. Das mag wie ein deutlicher Unterschied zur Lehre der Stoa aussehen, was beim eklektischen Vorgehen von George Lucas durchaus denkbar wäre, aber es gibt tatsächlich ein Element in der stoischen Philosophie, das sich auch mit dieser positiven Auffassung von Gefühlen deckt.

Denn auch für die Stoiker sind nicht alle Emotionen schlecht, vielmehr gibt es eine bestimmte Kategorie von Gefühlen, die sie durchaus akzeptieren. Und zwar solche, die auch in Yoga-Studios oder esoterischen New-Age-Workshops gepredigt werden, und eben auch in Meister Yodas Ratschlag-Repertoire enthalten sind: sogenannte «eupatheíai» nämlich, zu Deutsch «gute Emotionen». Die Stoiker zählen dazu, wie man bei Diogenes Laertius liest, Freude, Ergötzen, Frohsinn, Wohlgemutheit, Vorsicht, Schamhaftigkeit, Reinheit, Wollen, Wohlwollen, Sympathie, Zuneigung, Liebe. Lauter sanfte, liebe und unaufgeregte Gefühle also, alles, was ohne Heftigkeit oder Sexualität auskommt. In der modernen Emotionspsychologie würde man das als «low arousal positive emotions», «positive Emotionen mit niedrigem Erregungsniveau», klassifizieren. Warum gegenüber diesen Gefühle kein Vorbehalt besteht, ist schwer zu erklären und aufgrund der dünnen Quellenlage nicht vollständig rekonstruierbar – die stoische Philosophie ist nur in Fragmenten spätantiker Autoren überliefert, welche die ursprünglichen Denker zitieren. Klar scheint indes, dass ihr Vorbehalt vor allem *heftige* Gefühle betrifft, sowohl solche, die negativ mit Aggressivität – um mit Freud zu sprechen: dem Todesstrieb – als auch positiv mit Sexualität – mit Freud: der Libido – zu tun haben. Hier ähnelt die Stoa, wie auch bei ihrer «inneren Zitadelle», fernöstlichen Weisheitslehren. Und beide wiederum charakterisieren die Jedi ziemlich treffend. «Übe dich darin, alles loszulassen, das du zu verlieren fürchtest», lehrt Yoda Anakin in «Die Rache der Sith» – leider vergeblich.

Die Seele des Universums und Harmonie mit der Natur

Ein letztes Element der stoischen Philosophie, das man bei den Jedi-Rittern wiederfindet, ist die Lehre von der «Force». Die lässt sich zwar auch auf viele andere philosophische und spirituelle Traditionen zurückführen, aber ohne Zweifel würden die Stoiker Meister Yodas Streben nach Einklang mit der «Force» gutheißen. Ist doch ihre Lehre auch an die Idee gebunden, dass der Gesamtkosmos ebenso *beseelt* ist wie der Mensch und auch so vernünftig wie die Natur des Menschen.

Der «Panpsychismus», also die Beseeltheit von allem, den die Stoiker vertreten, lässt sich in der Antike bis zu Platon zurückverfolgen, der in seinem Dialog *Timaios* behauptet, dass nicht nur jeder Mensch eine Seele habe, sondern dass es auch eine «Weltseele» gebe, welche die Materie des ganzen Kosmos durchdringe. Die Neuplatoniker der Spätantike verglichen diese den ganzen Kosmos durchwirkende seelische Kraft in ihrer Metaphysik mit dem Licht, das als physikalische Eigenschaft die Luft jederzeit durchdringt. Die Stoiker griffen diese Idee einer Weltseele auf und nannten sie das «Pneuma», den «Hauch». Der gesamte Kosmos ist ihnen zufolge «als *ein* Lebewesen zu denken, dem Sein und Seele zukommt». Interessant an der stoischen (ebenso wie der neuplatonischen) Auffassung des «Pneumas» ist, dass diese «Weltseele» nicht als immateriell, sondern als *feinstofflich* aufgefasst wird, als eine aktive Kraft, welche aus einem ätherischen Stoff oder einem «Feuer» besteht. Kleinste Teile also – man könnte hier sogar an George Lucas' Midi-Chlorianer denken ...

Die stoischen Lehren von der Selbstgenügsamkeit der Tugend, von der vernünftigen Natur der menschlichen Seele und von der Notwendigkeit, ihre heftigen Emotionen zu beherrschen, sind folglich stabil eingebettet in die Vorstellung eines beseelten, vernünftigen und letztlich guten Gesamtuniversums, das uns artgleich ist. Oder, wie es der stoische Philosophen-Kaiser Marc Aurel in seinen «Selbstbetrachtungen» ausdrückte:

«Stelle dir stets die Welt als ein Geschöpf vor, das nur aus einer Materie und aus einem einzigen Geiste besteht. Sieh, wie alles der einen Empfindung derselben sich fügt; wie vermöge einheitlicher Triebkraft alles sich bildet, wie alles zu allen Ereignissen mitwirkt, alles mit allem Werdenden in begründetem Zusammenhang steht und von welcher Art die innige Verknüpfung und Wechselwirkung ist.»

Viel anders drückt es Meister Yoda in seiner Unterweisung von Luke in «Das Imperium schlägt zurück» auch nicht aus:

«Die Force ist mein Verbündeter, und ein mächtiger Verbündeter ist sie. Das Leben erschafft sie, bringt sie zur Entfaltung. Ihre Energie umgibt uns, verbindet uns mit allem. Erleuchtete Wesen sind wir, nicht diese rohe Materie. Du musst sie fühlen, die Macht die dich umgibt. Hier, zwischen dir, mir, dem Baum, dem Felsen dort. Überall! Selbst zwischen dem Sumpf und dem Schiff.»

Alexis Lavis

Das Tao des Jedi-Ritters. Über den Einfluss fernöstlichen Denkens auf eine «Space Opera»

Aus dem Französischen von Till Bardoux

«Luminous being are we, not this crude matter.»

YODA

«Star Wars» ist ein seltsames und sogar paradoxes Werk. Bereits mit den ersten, beinahe wagnerianischen Klängen der Titelmusik wird man sowohl von mythischer Ergriffenheit als auch von einer unwiderstehlichen Lust auf Popcorn ergriffen – und dabei ist nichts so sehr voneinander getrennt wie Mythos und leichte Unterhaltung. Und wenn beide die Aufmerksamkeit fesseln, dann tatsächlich aus zwei gegensätzlichen Gründen: Der Mythos erzählt und benennt einen Ursprung, die Unterhaltung füllt Freizeit mit Anekdoten. Mythos ist grundlegend, Unterhaltung weniger. Zweifellos liegt George Lucas' Kraftakt darin, dass ihm die Verbindung beider Elemente gelungen ist. Und das sehr erfolgreich: «Star Wars» schreibt Geschichte und prägt auf seine Weise den Zeitgeist.

Bemerkenswert ist der nicht unerhebliche Anteil, den asiatische Denkweisen in diesem kinematographischen Werk einnehmen. Der beachtliche Einfluss und die unübersehbaren Anleihen insbesondere beim japanischen Samuraikodex *Bushido* sind nicht zu unterschätzen. Vielmehr durchdringt das asiatische Denken, ohne dass es als solches eigens angesprochen würde, das Werk von Lucas in der Form eines bestimmten Exotismus. Über den Orden der Jedi-Ritter ist es subtil in die Narration eingebunden.

Dieser imaginäre Orden der Jedi enthält weit mehr als nur oberflächliche oder karikierende Bezüge zur asiatischen Kultur. Durch seine Geschichte, seine Philosophie, seine Figuren und die Situationen, in denen Kampfhandlungen, Ausbildungen und Begegnungen der Figuren inszeniert werden, vermischt der gleichermaßen kriegerische, mönchische und spirituelle Orden sehr geschickt die Einflüsse buddhistischen, taoistischen und auch konfuzianistischen Denkens.

Der offensichtlichste Einfluss, zu dem sich Lucas selbst bekannt hat, ist der Weg der Samuraikrieger (*Bushido*). Im Übrigen ist das Wort «Jedi» selbst eine Anleihe aus den japanischen Feuilletons, in denen die berühmten *Jidai-Geki* (時代劇) ein Genre bezeichnen, das Samuraigeschichten (Kämpfe, Ehre, Gerechtigkeit, Rache, Treue oder Untreue zum Shogun, unmögliche Liebe) im mittelalterlichen Japan zum Thema hat. Der japanische Weg des Kriegers wiederum entlehnt seinerseits seine Grundlagen den drei Pfeilern des chinesischen Denkens: dem Taoismus, dem Konfuzianismus und dem Buddhismus. Die spektakulärsten Referenzen des Films sind natürlich die Kunst und Choreographie des Schwertkampfs (*Kendo* und *Iaido* auf japanischer, *Wushu* auf chinesischer Seite).

Im Jedi-Orden lassen sich die drei genannten fernöstlichen Denkströmungen wiedererkennen: die Spur des Buddhismus, insbesondere in allem, was mit der Schulung des Geistes im Rahmen einer Weitergabe von Meister zu Schüler zusammenhängt; der Einfluss des Taoismus, gut ersichtlich in der Gesamtheit dessen, was über die «Force» gesagt wird; und schließlich eine (wenn auch etwas diskretere) Präsenz des Konfuzianismus, ablesbar an der Einhaltung der Riten, dem Respekt vor Hierarchien oder vor der allgemeinen sozialen Ordnung und dem Ratschlag, der an die Regierenden ergeht, sofern sie ein gewisses moralisches Ideal erfüllen. Diese drei grundlegenden Lehren der asiatischen Welt sind in «Star Wars» meines Erachtens deshalb auf gelungene Weise wiedergegeben, weil sie so gut in die Narration integriert werden. Sie verleihen der «Space Opera» eine gewisse Geheimnisdichte und einen erneuerten Initiationshorizont und tragen so, gerade im Vergleich zu anderen phantastischen Werken, wesentlich zu ihrer Originalität bei.

Wie aber lässt sich erklären, dass der asiatische Einfluss auf «Star Wars» so prägnant ist, wo doch sein Schöpfer nie ein Spezialist für die Geschichte Asiens, seine Denksysteme und Kampfkünste war?

Zweifellos gibt es eine kulturhistorische Erklärung: In den 1960er und 1970er Jahren lässt sich eine ausgeprägte Schwärmerei für die asiatischen Meditations- und Kampftraditionen beobachten. Um von ihnen zu wissen, brauchte man nicht nach China oder Japan zu reisen. Eine gewisse Zahl an Referenzwerken war damals bei einem sachkundigen (und mitunter auch breiterem) Publikum sehr populär und zirkulierte auf den Campussen der Universitäten.

Das waren zum Beispiel die «Essays in Zen Buddhism» von D. T. Suzuki, die J. D. Salinger in «The Catcher in the Rye» zitiert und die Jack Kerouac zu einer seiner Lieblingsbettlektüren machte. Oder auch Suzukis Übersetzung des «*Lankavatara-Sutra*», eines der «mystischsten» kanonischen Texte des Buddhismus. Ebenfalls beschaffbar waren das «*Hagakure*» Yamamoto Tsunetomos (dem in Jim Jarmuschs Film «Ghost Dog» Ehre erwiesen wird), das «Buch der fünf Ringe (*Gorin no Sho*)» von Miyamoto Musashi und die Schriften von Meister Takuan über die «Bewegungslose Weisheit» – jene drei Werke, die die spirituelle Grundlage für den *Bushido* schaffen, den japanischen Weg des Kriegers. Nicht zu vergessen das «Geheimnis der Goldenen Blüte (*Tai I Ging Hua Dsung Dschi*)», ein taoistisches Meditationshandbuch, für das C. G. Jung die Werbetrommel gerührt hatte. Und schließlich selbstverständlich auch das «*Tao Te King*» von Laotse oder das «*Zhuangzi* (Das wahre Buch vom südlichen Blütenland)» – zwei wesentliche Werke über das Tao, die in den Übersetzungen von Burton Watson vorlagen. Kurzum, an geschriebenem Material mangelte es Lucas nicht.

Im Bereich des Kinos hatten die japanischen Schwertkampffilme, hauptsächlich jene von Kurosawa, einen entscheidenden und von Lucas selbst anerkannten Einfluss auf sein Werk. Diese aus dem Fernen Osten gekommenen Denkweisen erschienen in den Augen der jungen Generationen als eine Alternative zum westlichen Modell, von dem man damals meinte, es sei in die Jahre gekommen. Das Kino der Generation von Lucas, Spielberg und Coppola nimmt für sich eine resolute Rolle des Erneuerns in Anspruch. In den asiatischen Philosophien sah man die Möglichkeit, die gewohnten Darstellungen zu verändern, indem ein alter Kern vergessener Weisheiten der Populärkultur neues Leben einhauchen sollte. Die entschieden initiatorische Dimension der Filme zog eine Jugend an, die auf der Suche nach einem Rahmen für ihr Verlangen nach Gegenkultur war. «Star Wars» bringt genau das zum Ausdruck und repräsentiert damit den Tonfall einer Epoche, deren Erbe das Werk eben auch ist.

Im Übrigen verträgt sich der Einfluss des «geheimnisvollen» Fernen Ostens sehr gut mit dem Setting des Films, jenem ebenso geheimnisvollen Anderswo des intergalaktischen Raumes. Die Einladung zur Reise wird also gewissermaßen verzweifacht: die Sterne, die fremden, seltsamen Planeten und ihre nicht minder bizarren Bewohner bilden einen Einklang mit dem fernöstlich geprägten Verhalten und der fernöstlichen Mystik der Jedi-Ritter.

Betrachten wir nun genauer, wie diese Einflüsse in der von Lucas geschaffenen Welt umgesetzt werden, und beginnen mit dem Taoismus. Eine recht offensichtliche Anleihe bei dieser jahrtausendealten Strömung ist die «Force» beziehungsweise «Macht». Der Weg des «*Tao*» ist bestrebt, sorgsam über eine angeborene Kommunikation zwischen Geist, Körper und Welt zu hüten. Genau das ist es, was Yoda Luke beizubringen versucht, als sie sich das erste Mal auf dem Planeten Dagobah begegnen. Er definiert dabei die «Force» wie folgt: «Ihre Energie umgibt uns, verbindet uns mit allem». Das entspricht dem *Tao*, das unter seinem «energetischen» Aspekt *Qi* genannt wird. Es ist ein Prinzip der Bewegung, oder besser des «Bewegtwerdens», eine Strömung im ozeanischen Sinn des Wortes, die die Welt mit Leben erfüllt und sie dadurch reguliert, ihr also Sinn und Gesetze gibt.

Im westlichen Denken ist die Natur getrennt vom Geist. Hier ist es dessen Aufgabe, der Natur Form zu geben, und zwar derart, dass aus ihr letztlich ein verfügbarer Vorrat an Energie gemacht wird. Im Denkhorizont des *Tao* verhindert die Idee einer ursprünglichen Übereinstimmung zwischen Innen und Außen, Immanentem und Transzendentem, Mikrokosmos und Makrokosmos jede objektive Determinierung der Natur – und damit jede Distanzierung von ihr – wie sie von den westlichen Wissenschaften vorgenommen wird.

Was bei den Jedi sehr taoistisch ist, ist diese Suche nach dem Gleichgewicht, und zwar nicht über den Intellekt, der die Welt konzeptuell erfasst, sondern durch eine Art des «totalen», geheimnisvollen Seins. So sind sie keine Hüter der «Macht», sondern eines gewissen Verhältnisses zu ihr, zu dem es über eine Form der Selbstaufgabe kommt, über die Indienstnahme einer «Kraft», die sie übersteigt und von der man sich niemals entfremden darf. Um parodistisch Descartes zu bemühen: Die Jedi weigern sich, sich zu «Herren und Besitzern» der «Macht» zu machen – denn das ist der Weg der dunklen Seite, von Darth Vader und Imperator Palpatine, die danach trachten, die «Macht» zu *ihrer* «Macht» zu machen. Diese dunkle Seite ist nichts anderes als eine Metapher auf die westliche Welt der Technik. Die Jedi fungieren hier als Hüter, ja als Widerstandskämpfer gegen dieses auf Abwege geratene Verhältnis. Schließlich hat der Ferne Osten für das Abendland immer die Rolle des großen Anderen, des Kontrasts zur entfremdeten Welt der Technik und der Naturwissenschaften eingenommen. Er galt immer als derjenige Kontinent, der es verstanden hat, eine ursprüngliche Beziehung zum Geist, zum Menschen, zur Natur und zu deren Geheimnissen zu wahren, um es mit Hölderlin auszudrücken. Ich möchte die asiatischen Anleihen in «Star Wars» allerdings nicht überbewerten. Lucas nimmt in seinem Werk keinen entschieden asiatischen Standpunkt ein. Die Grenzen des asiatischen Einflusses werden in «Star Wars» deutlich aufgezeigt.

Die Wahl des Begriffes «Force», der sowohl «Kraft» als auch «Macht» bedeutet, ist ein sehr aufschlussreiches Beispiel. Es deutet weit mehr auf Newton als auf Laotse hin. Newton deshalb, weil die beiden charakteristischsten Phänomene, durch die sich die «Macht» in den Filmen manifestiert, diejenigen der Anziehung und der Abstoßung sind. Das lässt an Gravitation oder Maxwell'schen Elektromagnetismus denken, also an Begriffe aus dem Reich der Physik und keineswegs aus dem der Mystik.

Zudem würde das in «Star Wars» stets durchscheinende Verlangen, die Welt durch die «Macht» zu beherrschen, in einem asiatischen Denkuniversum recht wenig Widerhall finden. Die «Macht» als ein Potenzial an «energetischer» Leistung aufzufassen, das die freie Entfaltung des Willens ebenso wie die Zerstörung erlaubt, rührt von einer weitaus westlicheren Denkweise her, deren Leitprinzipien die Instrumentalisierung, die Verwaltung und das bewusste Subjekt sind. Im Raum des *Tao* wird die wahre Macht nie auf eine Leistung von Vollzug und Herstellung reduziert, sondern ist eine Fähigkeit, eine Sensibilität, eine Disziplin, die es erlaubt, mit der Welt in Einklang zu kommen, indem man sich von der Herrschaft des persönlichen und deshalb immer parteiischen Willens befreit. Nehmen wir zum Beispiel eine Szene aus «Das Imperium schlägt zurück», die dem taoistischen Geist treu ist: Als Yoda das im Sumpf von Dagobah versunkene Raumschiff wieder emporsteigen lässt, versucht er nicht, seine persönliche Stärke auf die Elemente anzuwenden, sondern die Bande zu zeigen, die ihn mit den Kräften der Natur verbinden.

Yoda ist zweifellos die asiatischste Figur der Saga, mit sehr vielen Charakteristika, die dem Taoismus und dem Buddhismus entliehen sind.

Zunächst ist da sein hohes Alter – er erweckt nachgerade den Eindruck, schon seit Beginn des Universums zu existieren. Hier lässt sich ein Bezug zu den berühmten «Acht Unsterblichen» des Taoismus erkennen: Diese beinahe mit Gottheiten assoziierten mythischen Figuren repräsentieren Freiheit und Wissen in ihrer ultimativen Form. Unter den bunt zusammengewürfelten Unsterblichen finden sich die bizarrsten Gestalten, wie zum Beispiel ein Hermaphrodit oder ein alter, einbeiniger, weinseliger Clochard. Diese Figuren sollen daran erinnern, dass Weisheit keine Sache der Konvention ist.

Beispielhaft für Yoda sind auch seine Körpergröße, die kaum

einen Meter übersteigt, und sein krötenartiges Äußeres. Im Lauf der Episoden sieht man, wie sein Körper immer mehr in sich zusammensinkt. Auch darin ist er den alten taoistischen Weisen ähnlich, die ihren Lebenshauch (Qi) derart konzentrieren, dass sie dadurch zusammenschrumpfen. Ebenso verweist die erstaunliche Vitalität dieses 400-jährigen Gnoms auf das taoistische Thema der abrupten Engführung von Jugend und Alter. Ein Beispiel dafür ist sein Kampf mit Graf Dooku in Episode II, wo der alte Meister gebrechlich auf seinen Stock gestützt eintrifft und sich einen Augenblick später mit wilden Bocksprüngen und wirbelndem Lichtschwert auf seinen Gegner stürzt.

Yodas große Demut, die auch in seiner etwas mickrigen Gestalt zum Ausdruck kommt, hat ebenfalls eine asiatische Dimension. Folgt man Laotse, so ist der wahre Meister niemals an vorderster Front, sondern immer im Hintergrund, nie über den anderen, sondern an der Basis. Er strebt nicht danach, gesehen zu werden, sondern zu verschwinden. Je größer ein Meister in Asien ist, desto demütiger ist er. Er befiehlt über niemanden und hat über nichts Macht. Sein Leben ist nur Dienst.

In «Star Wars» ist die gegensätzlichste Figur dazu Anakin: Er ist der Schönste, Stärkste und Edelste. Doch ist er es, der scheitern wird, eben weil er denkt, dass es etwas zu erreichen gibt und dass der erreichte Erfolg auf seinen persönlichen Qualitäten beruht. Das zu glauben ist sowohl im Buddhismus als auch im Taoismus der Ursprung allen Übels. In beiden wird der Weg des radikalen Verzichts gelehrt. Es gilt, den felsenfesten Glauben, dass man Urheber der Dinge und seiner selbst sei, im Herzen aufzugeben. Wer sich davon befreit, findet Eingang in das, was der Buddhismus das «Nichtgeborene» oder das «Nichtgemachte» nennt. Um ein Beispiel dafür zu nennen: In der bereits erwähnten Szene mit dem im Schlamm feststeckenden Raumschiff tappt Luke in dieselbe Falle wie sein Vater Anakin. Er scheitert daran, es zu heben, weil er denkt, dass er, Luke, es sei, der es mit Hilfe seiner eigenen Kräfte bewegen müsse. Er begreift nicht, dass das, was das Raumschiff emporsteigen lässt, die «Force» ist und nicht er selbst, dass er nicht von Belang ist und dass er auf keinen Fall seine Hand dabei im Spiel haben darf. Als er Yoda gesteht, dass er nicht glauben kann, was sein alter Meister gerade vor seinen Augen vollbracht hat, antwortet dieser, dass genau das der Grund für sein Scheitern sei. Das bedeutet eben nicht, dass Yoda mehr als Luke dazu imstande wäre, das Raumschiff zu heben, sondern nur dass er in seinem Handeln nicht auf die eigenen Kräfte zählt, sondern sich auf eine Kraft verlässt, die weit größer ist als seine Person. Der Verzicht auf den Glauben an ein Ich als Urheber und Subjekt ist das Herz der buddhistischen Lehre.

So lautete übrigens auch das Wort, das Buddha aussprach, als er den Zustand der Erleuchtung erlangte – *«anatman»* («Nicht-Ich»). Der Geist ist nicht «Ich», ist nicht Bewusstsein. Es gibt kein Subjekt. Die wahre Handlung hat keinen Urheber. Als Filmfigur hat Yoda seinen Ursprung gänzlich in dieser aus Asien kommenden Philosophie.

Nicht unbeträchtlich sind in «Star Wars» auch die Anleihen beim buddhistischen Denken. Der offensichtlichste Verweis liegt in der Beziehung Meister–Schüler. In der buddhistischen Tradition kann die Ausbildung des Geistes nicht ohne die Lehre und Begleitung durch einen Lehrmeister erfolgen. Die Rolle des Meisters besteht darin, seinen Schüler zu schützen und ihn zugleich dazu zu drängen, sich in Gefahr zu begeben, aus seiner Komfortzone herauszutreten und so seinen Geist zu erkennen. Zudem ist die Meister-Schüler-Struktur nicht trennbar von der Idee eines «Wiedererkennens», einer «Weitergabe von Geist zu Geist». Der Meister erkennt seinen Schüler auf den ersten Blick – genauso

wie in «Die dunkle Bedrohung» Qui-Gon Jinn sofort Anakins großes Potenzial wahrnimmt. Es gibt das unter Buddhisten wohlbekannte Beispiel des Fünften Patriarchen der Chan-Schule, der
einen jungen, des Lesens und Schreibens unkundigen Waisenjungen, Huineng, am Kloster ankommen sieht und bei seinem
Anblick sofort begreift, dass es sich um seinen Nachfolger handelt, den künftigen Sechsten Patriarchen.

Im Übrigen ist «Star Wars» haargenau von der Funktions-
weise der buddhistischen Chan-Klöster inspiriert, in denen der
Novize seine Mönchsgelübde ablegt, sobald der Meister seine
Ausbildung als abgeschlossen betrachtet. In der Episode I der
Saga weiht Qui-Gon Jinn auf diese Weise Obi-Wan zum Jedi-Ritter,
indem er ihm verkündet: «Du bist ein viel weiserer Mann als ich.»
Der Ausbildungszyklus kann dann fortgesetzt werden, indem der
Meister einen neuen Schüler nimmt. So wird später Anakin der
neue Padawan von Qui-Gon.

Die Meister-Schüler-Beziehung ist der Raum einer privile-
gierten, weil direkten und einzigartigen Wissensweitergabe. Die
Beziehung von Luke zu Obi-Wan und später zu Yoda zeigt das gut.
Durch diese Begegnungen wird er dahin geleitet, der zu werden,
der er ist. Das ist ein eindeutiger Bezug zur buddhistischen Wissensweitergabe.

Der asiatische Einfluss lässt sich ebenfalls in der mönchischen
Organisiertheit der Jedi wiederfinden. Gerade der Ordnungsbe-
griff ist in den Klöstern, seien sie taoistisch oder buddhistisch,
sehr gegenwärtig. Besonders die Struktur der chinesischen buddhistischen Klöster ist ausgesprochen streng und hierarchisch.

Neben dieser mönchischen Ordnung scheint in «Star Wars»
auch der Konflikt zwischen Tradition und Mystizismus auf. Die
Spannung zwischen diesen Polen ist charakteristisch für ein
Asien, in dem der spirituelle Weg zugleich ein Weg der Tradition

und der Mystik ist. Er ist ein Weg der Tradition, weil die Weitergabe des Wissens Ordnung, Strenge und einen gewissen Konservatismus verlangt. Und er ist ein mystischer Weg, weil er gleichermaßen absolute Freiheit, die Abwesenheit von Codes und die Notwendigkeit von Abenteuern lehrt. Diese beiden Anteile sind insofern entgegengesetzt und verbunden, als die großen Mystiker Schüler der Tradition sind und sich gleichzeitig am Ursprung jeder Tradition eine mystische Erfahrung befindet.

In «Star Wars» lässt sich diese Ambivalenz an vielen Stellen wiederfinden. Der Jedi Mace Windu beispielsweise, der in den ersten drei Episoden mit seinem violetten Lichtschwert auftaucht, präsentiert sich zwar als Hüter der Tradition, hat aber auch einen einzigartigen Kampfstil kreiert, der seinem Schwert die besondere Farbe verleiht. Weitere große Mystiker innerhalb der wohletablierten Ordnung der Jedi sind Qui-Gon oder Anakin. Besonders am Beispiel des späteren Darth Vader wird deutlich, dass es sich bei der Spannung zwischen Mystizismus und Tradition um einen Hauptkonflikt in «Star Wars» handelt.

Um meine Aufzählung der Echos aus Asien in Lucas' Werk abzuschließen, möchte ich mich einem der markantesten Elemente dieser inzwischen siebenteiligen Saga zuwenden: nämlich den Kämpfen mit dem Lichtschwert und der Dimension der «Martial Arts». Ästhetisch variieren die Kampfstile entsprechend den Trilogien zwischen chinesischen und japanischen Einflüssen. In den Episoden IV bis VI ist der Einfluss des japanischen *Iaido* («Weg des Schwerts») unübersehbar. Der Kampf zwischen Obi-Wan und Darth Vader gleicht mit seinen abrupten, schnörkellosen Bewegungen und den wenigen, aber blitzschnellen Gesten dem Kampf zweier Samurai. Hier erkennt man besonders gut den Einfluss Kurosawas und der *Kendo*-Techniken.

In den Episoden I bis III ist die Kampfweise sehr viel spektakulärer. Hier wird eine neue Kampfweise mit Sprüngen gezeigt, die in den früher gedrehten Episoden IV bis VI nicht vorkam. Der Einfluss des chinesischen Kinos ist dabei unübersehbar. Ray Park, der Darsteller des Darth Maul (des ersten Schülers von Imperator Palpatine) war übrigens selbst ein Kung-Fu-Champion.

Auch im Hinblick auf Konsistenz und Status des Jedi-Ordens gibt es einen Unterschied zwischen den Trilogien. In den Episoden I bis III befindet sich der Orden noch in einer Art Goldenem Zeitalter, in voller Stärke, allerdings unmittelbar vor seinem Untergang. Das legt der Kampf in der Arena von Geonosis in «Angriff der Klonkrieger» nahe, wo zu sehen ist, wie gut hundert Jedi-Ritter gemeinsam ihre Lichtschwerter ziehen. Sie sind auf dem Höhepunkt ihrer Kampfkunst. Hier werden aus den chinesischen «Martial Arts» entlehnte Kampftechniken gezeigt, die weitaus virtuoser sind als die in Japan üblichen, die durch ihren Minimalismus und ihre Nüchternheit bestechen. Die Variation der Kampfstile innerhalb der Trilogien ist also nicht nur ein Spiegel der unterschiedlichen filmhistorischen Einflüsse, sondern auch eine Metapher für den Zustand des Jedi-Ordens.

Im Hinblick auf die gesamte Saga erinnert der Jedi-Orden sowohl an eine Gemeinschaft von Shaolin-Mönchen als auch an eine Gemeinschaft von Samurai. Bei den Shaolin legten beispielsweise Meister und Schüler ein Keuschheitsgelübde ab und gehorchten dem sehr umfassenden Regelwerk für buddhistische Mönche. Auch in «Star Wars» sind die Jedi ans Zölibat gebunden; Anakin und Padmé etwa müssen ihre Beziehung geheim halten. An die Samurai wiederum – jene mächtigen Krieger, die einem *Shogun* unterstanden –, erinnern die Jedi in ihrer Funktion als Kriegsmacht im Dienst der Republik.

Ganz sicher sind beide Anteile in «Star Wars» enthalten. Es weist allerdings nichts darauf hin, ob die Jedi aus einem spirituellen Orden hervorgehen, der eine kriegerische Seite entwickelt hat, wie beim Shaolin, dessen Mönche sich im Laufe der Jahrhunderte auf Kampfkünste und insbesondere auf Kung Fu spezialisiert haben, oder aus einem Kriegerorden, der eine spirituelle Seite ausgebildet hat, wie die Samurai, die dem *Bushido* unterworfen waren, also einem Verhaltenskodex, der sich sowohl auf den Zen-Buddhismus als auch auf den Konfuzianismus beruft. In «Star Wars» ist dazu keine Fährte ausgelegt. Da der Jedi-Orden im Dienst der Republik steht, ist er vielleicht den Samurai etwas näher, deren Daseinszweck es ist, ihrem *Shogun* zu dienen. Auf dem «Weg des Schwertes» gehorcht man dem *Shogun* und lernt zu sterben. Das ist der Weg des Todes und des absoluten Gehorsams. Denn es bedeutet die vollkommene Unterwerfung unter den Herrn und Meister, den Verzicht auf einen persönlichen Willen, verbunden mit einem ausgeprägten Bewusstsein für die eigene Sterblichkeit. An dieser Stelle werden aber auch die Grenzen zur asiatischen Kultur sichtbar: Der Jedi-Orden unterscheidet sich von den Samurai, weil er als autonomer Orden mit eigenen Gesetzen handelt. Die Jedi dienen der Republik, weil diese eine Ordnung fördert, die mit den universellen Werten (Barmherzigkeit, Güte, Gleichheit) der Jedi übereinstimmt. Diese gleicht mehr einer christlichen, westlicheren Denkweise – der Jedi-Orden verbündet sich mit der Republik im Namen universeller Werte, er schließt sich ihrer Sache an, weil er sie gutheißt. Dies ist ein weiterer Beleg für Lucas' Synkretismus. Die moralische Ordnung und das Werben für universelle Werte, die das historische Schicksal der Menschheit begleiten, sind mit Sicherheit ein Zug der westlichen Welt, deren Verteidiger die Jedi, so viel steht fest, ebenfalls sind.

Die helle und die dunkle Seite der Macht

Slavoj Žižek

Das böse Subjekt.
Anakin Skywalkers Weg
auf die dunkle Seite

In der dritten Folge der «Star Wars»-Serie kommt es endlich zum entscheidenden Augenblick der ganzen Saga, zur Verwandlung des «guten» Anakin in den «bösen» Darth Vader. Hierbei setzt «Star Wars» auf die explizite Parallele zwischen der individuellen und der politischen Ebene. Auf der individuellen Ebene spielt die «Erklärung» auf eine Popform des Buddhismus an: «Er verwandelt sich in Darth Vader, weil er den Dingen verfällt. Er kann sich nicht von seiner Mutter lösen; er kann sich nicht von seiner Freundin lösen. Er kann sich nicht von den Dingen lösen. Das macht einen gierig. Und wenn man gierig ist, dann ist man auf dem Weg auf die dunkle Seite, weil man etwas zu verlieren fürchtet» (George Lucas). Lassen wir die Vorstellung von Mutter und Freundin als «Dingen» auf sich beruhen – interessanter ist der Aspekt, dass der Jedi-Orden als geschlossene männliche Gemeinschaft betrachtet wird, die ihren Mitgliedern romantische Bindungen untersagt – eine neue Version der Gralsrunde aus Wagners «Parsifal».

Bezeichnender noch ist die politische Parallele: «Wie wurde die Republik zum Imperium? Dies wird als Parallele behandelt zu der Frage: Wie wurde Anakin zu Darth Vader? Wie wird ein guter Mensch zu einem bösen und wie wird aus einer Demokratie eine Diktatur? Es ist nicht so, dass das Imperium die Republik erobert hätte, sondern das Imperium ist die Republik» (Lucas).

Das Imperium ist also aus der inneren Korruptheit der Republik erwachsen: «Eines Tages wachten Prinzessin Leia und ihre Freunde auf und sagten: ‹Dies ist nicht mehr die Republik, sondern das Imperium. Wir sind die Bösen›» (Lucas). Die aktuellen Konnotationen dieser Bezugnahme auf das antike Rom sind nicht zu übersehen: der Wandel von Nationalstaaten zum globalen Imperium. Man sollte die «Star Wars»-Problematik (von der Republik zum Imperium) vor dem Hintergrund von Antonio Negris und Michael Hardts Buch «Empire» lesen: vom Nationalstaat zum globalen Empire.

Die politischen Konnotationen des «Star Wars»-Universums sind vielfältig und widersprüchlich, und eben darauf beruht die «mythische» Macht dieses Universums: die freie Welt versus das Reich des Bösen; der Rückzug der Nationalstaaten mit seiner an Buchanan und Le Pen erinnernden rechtsextremen Konnotation; der symptomatische Widerspruch, dass Menschen von *adeligem* Rang (die Prinzessin, Mitglieder des elitären Jedi-Ordens) die «demokratische» Republik gegen das Reich des Bösen verteidigen; schließlich die richtige und entscheidende Einsicht, dass «wir die Bösen sind» (dass das Reich des Bösen nicht da draußen ist, sondern dass es gerade durch die Art und Weise entsteht, wie wir, die «Guten», das Reich des Bösen, den auswärtigen Feind bekämpfen – beim heutigen «Krieg gegen den Terror» stehen wir vor vor der Frage, was dieser Krieg aus den Vereinigten Staaten machen wird). Das heißt, ein veritabler politischer *Mythos* ist nicht so sehr eine Erzählung mit einer bestimmten politischen Bedeutung, sondern ein leeres Behältnis für eine Vielheit inkonsistenter, sich wechselseitig sogar ausschließender Bedeutungen – es ist verkehrt zu fragen: «Aber was bedeutet dieser politische Mythos in Wirklichkeit?», weil seine «Bedeutung» gerade darin liegt, uns als Behältnis für eine Vielheit von Bedeutungen zu dienen.

Schon in ersten Folge von «Star Wars», «Die dunkle Bedrohung», gibt es zwei entscheidende Hinweise, mit deren Hilfe wir uns in dieser Gemengelage orientieren können: erstens die «christologischen» Züge des jungen Anakin (seine Mutter behauptet, ihn unbefleckt empfangen zu haben; das Rennen, das er gewinnt, ist eine deutliche Reminiszenz an das berühmte Wagenrennen in «Ben Hur», dieser «Erzählung von Christus»); zweitens die Tatsache, dass er als der identifiziert wird, der das Potenzial hat, «das Machtgleichgewicht wiederherzustellen». Da das ideologische Universum von «Star Wars» das heidnische New-Age-Universum ist, ist es nur konsequent, dass die zentrale Gestalt des Bösen darin an Christus erinnert – innerhalb des heidnischen Horizonts *ist* das Ereignis Christi der ultimative Skandal.

Um zur «Rache der Sith» zurückzukehren: Der Preis, den der Film dafür zahlt, dass er New-Age-Motiven verhaftet bleibt, ist nicht nur seine ideologische Konfusion, sondern, damit einhergehend, seine inferiore narrative Qualität. Diese Motive sind der entscheidende Grund dafür, dass Anakins Verwandlung in Darth Vader – der Schlüsselmoment der ganzen Serie – der angemessenen tragischen Größe entbehrt. Statt Anakins Hybris in den Mittelpunkt zu stellen, seinen überwältigenden Wunsch, einzugreifen, Gutes zu tun, für die, die er liebt (Padmé Amidala), aufs Ganze zu gehen und *so* der dunklen Seite zu verfallen, wird Anakin als bloßer unentschlossener Krieger dargestellt, der Schritt für Schritt ins Böse abrutscht, weil er der Versuchung der Macht nachgibt, und zur Beute des bösen Imperators wird. Mit anderen Worten, Lucas hatte nicht die Kraft, die von ihm gezogene Parallele zwischen der Verwandlung einerseits der Republik in das

Imperium, andererseits der Anakins in Darth Vader *wirklich* zu ziehen. Anakin hätte aufgrund seiner extremen Neigung, überall Böses zu sehen und zu bekämpfen, ein Monster werden müssen. Statt zwischen Gut und Böse zu oszillieren, hätte er aufgrund der falschen Art und Weise, am Guten zu hängen, böse werden müssen. Etwa als Palpatine, der Kanzler der Republik, Anakin seine andere Identität offenbart oder als der böse Sith Master seine Absicht enthüllt, ein Imperium zu errichten. Sith Master spielt mit Anakins Angst und dessen anderen Schwächen, indem er sich das Ego und die Arroganz des jungen Jedi zunutze macht und die Jedi als korrupt, unnütz und als Grund für Anakins ganzes Leiden darstellt.

Als Anakin gegen Ende des Films erfährt, dass Padmé Obi-Wan geholfen hat, ihn zu finden, schlägt er, außerstande, seine furchtbare Leidenschaft zu zügeln, mit der Peitsche nach ihr, würgt sie mit einer Kraft, die sie aus den Schuhen hebt, und wirft sie gegen die Wand, wobei sie sich böse am Kopf verletzt. Als Anakin später, nach seinem Duell mit Obi-Wan, wieder zur Besinnung kommt und fragt, wo Padmé ist, und Palpatine ihm mitteilt, dass er sie getötet hat, beginnt Anakin zu schreien und mit aller Kraft zu wüten und wirft mit Droiden um sich, sodass Palpatine in Deckung gehen muss. In diesen beiden Szenen kommt das Verfehlte des Films zum Ausdruck: zwei identische Ausbrüche unkontrollierbarer zerstörerischer Wut, der erste gegen Padmé gerichtet, der zweite ein Ausagieren der Reue darüber, den ersten zugelassen zu haben – Anakin scheint hier einfach zwischen verschiedenen Positionen zu oszillieren, der «bösen» (Raserei gegen Padmé) und der «guten» (Reue und Liebe zu ihr). Die eigentliche Aufgabe aber wäre es gewesen zu zeigen, dass gerade Anakins exzessive Liebe zu Padmé, sein exzessives An-ihr-Hängen dazu führt, dass er den Weg des Bösen geht.

Das abschließende Duell zwischen Obi-Wan und Anakin endet damit, dass Anakin k. o. geht und in eine Schmelzgrube fällt, in der er Verbrennungen erleidet und furchtbar entstellt wird. Kaum noch am Leben, wird Anakin von Palpatines Helfern gerettet und zu einer üblen medizinischen Einrichtung gebracht, wo er, ohne Glieder und schrecklich zugerichtet, in eine heilende Lotion getaucht wird. Die imperialen Droiden heilen ihn, indem sie aus ihm den gepanzerten Schrecken der Sterne machen, den wir alle als Darth Vader kennen. Am Ende des Films verlässt Anakin, Der-in-Vader-Verwandelte, die medizinische Einrichtung, schreitet über die Brücke des Sternenzerstörers und schließt sich seinem neuen Herrn Darth Sidious an, dem Imperator der Galaxie. Sie schauen aus dem Fenster, auf ihre ultimative Waffe, den «Todesstern», der gerade gebaut wird. Vader, jetzt mehr Maschine als Mensch, atmet schwer und bösartig.

Entscheidend sind hier zwei Momente. Unmittelbar vor dem Ende des Duells appelliert Obi-Wan ein letztes Mal an Anakin, auf den Pfad des Guten zurückzukehren; Anakin schlägt das Angebot aus und mobilisiert, obwohl bereits schwer verwundet, seine letzten Kräfte für einen verzweifelten Versuch zurückzuschlagen. Man kann der Versuchung nicht widerstehen, dieses Insistieren Anakins als eine wahrhaft ethische Haltung zu betrachten, ähnlich der von Mozarts Don Giovanni, der die Offerte des steinernen Gastes, ihn zu erlösen, ausschlägt. In beiden Fällen ist das, was auf der Ebene des Inhalts als Entscheidung für das Böse erscheint, auf der Ebene der Form ein Akt, der die eigene Charakterfestigkeit geltend macht. Das heißt, sie wissen beide, dass es vom Standpunkt der pragmatischen egoistischen Berechnung aus vorzuziehen ist, dem Bösen abzuschwören: Sie befinden sich beide am Ende ihres Lebens und wissen, dass nichts dabei herauskommt, wenn sie sich für das Böse entscheiden, und dennoch bleiben sie, in einem Akt des Trotzes, der einem als in einer unheimlichen Weise ethisch imponieren muss, *aus Prinzip* ihrer Entscheidung treu, nicht aufgrund der Verheißung irgendeines materiellen oder spirituellen Gewinns.

Aufgrund dieser Charakterfestigkeit, aufgrund dieser Treue zu seiner existenziellen Entscheidung tritt Anakin als ein Subjekt hervor – als das einzige wahre Subjekt der ganzen «Star Wars»-Saga. Man sollte dem Begriff «Subjekt» hier seinen streng philosophischen Status geben: das Subjekt als unterschieden von der (menschlichen) Person, das Subjekt als der exzessive Kern unmenschlicher Monstrosität im Innern des Menschen. Dies ist der Grund dafür, dass Darth Vader nicht einfach nur eine Maske Anakins ist – in einer Paraphrase der guten alten Althusser'schen Formel kann man sagen, dass Anakin das menschliche Individuum ist, interpelliert in das Subjekt Darth Vader.

Das privilegierte Medium dieser neugeborenen Subjektivität ist die Stimme – die befremdlich widerhallende Stimme, Darth Vaders Markenzeichen in den weiteren Folgen der Saga, die Stimme, in der das Äußere und das Innere befremdlich zusammenfallen. Seine Stimme wird durch eine Maschine verstärkt, künstlich amplifiziert; doch gerade deshalb scheint es so, als ob aufgrund der ganz aus der Nähe aufgenommenen Atmung das Innenleben selbst darin unmittelbar widerhallte. Es ist eine *geisterhafte* Stimme, nicht die organische Stimme eines Körpers: kein Klang, der Teil der alltäglichen äußeren Realität wäre, sondern unmittelbare Wiedergabe des Realen der «psychischen Realität».

Das Scheitern von «Star Wars» III ist demnach ein doppeltes. Erstens scheitert der Film gemessen an seinem eigenen Anspruch: Er stellt Anakins Hinwendung zur dunklen Seite nicht als Resultat seiner exzessiven Bindung an das Gute dar. Die Vorstellung jedoch, dass unser allzu exzessives Festhalten am Guten zum Bösen führen kann, ist ein Gemeinplatz, eine wohlbekannte Warnung vor den Gefahren des moralisierenden Fanatismus; unsere Aufgabe wäre es – und darin besteht die zweite Unterlassung des Films, eine wahrhaft verpasste Gelegenheit – die gesamte Konstellation umzukehren und Anakin-Vader als eine gute Figur darzustellen, eine Figur, die für die diabolische Grundlage des Guten steht. Anders gesagt: Ist nicht die Quelle unseres ethischen Engagements genau die exzessive Sorge und Bindung, unsere Bereitschaft, die Balance des gewöhnlichen Lebensstroms zu durchbrechen und alles aufs Spiel zu setzen für ein Ziel, das wir anstreben? Darum geht es in der wahren christlichen Liebe: exzessive Sorge für das Geliebte, eine befangene Hingabe, welche das Gleichgewicht des Ganzen stört. Darum kommt das Zurschaustellen des Gesichtes in der Schlussszene des dritten Films, als Darth Vader seinen Sohn Luke bittet, ihm die Maske abzunehmen, damit er das menschliche Angesicht seines Vaters sehen kann, der ethischen Regression bis zu einem Punkt nahe, den Nietzsche «Menschliches, Allzumenschliches» nannte. In seinen letzten Atemzügen entsubjektiviert sich Darth Vader und wird zu einem gewöhnlichen Sterblichen: Was verloren geht, ist Vader als Subjekt, das hinter der schwarzen Metallmaske wohnt (nicht zu verwechseln mit dem menschlichen Gesicht hinter der Maske), dasjenige Subjekt, das in der künstlich klingenden Stimme widerhallt.

(Dieser Text ist ein partieller Wiederabdruck eines 2005 in Lettre International Nr. 69 unter dem Titel «Star Wars III» veröffentlichten Textes, übersetzt von Jens Hagestedt. Ergänzt wurde er um einen Abschnitt aus Žižeks Buch «The Parallax View» [MIT Press, 2006], wo derselbe Text auf Englisch in einer ausführlicheren Version veröffentlicht wurde.)

Alexandre Lacroix

Jedi-Meister Augustinus gegen Darth Faustus. Der freie Wille gegen den Manichäismus

Aus dem Französischen von Julia Clauß

Wir befinden uns auf dem Planeten Thagaste, der Heimat der Numider, irgendwo im System Karthago. Wir schreiben das Jahr 383 nach der Ankunft des Auserwählten. Das System Karthago steht unter der Kontrolle des Römischen Reiches. Augustinus, ein vielversprechender junger *Padawan* (Schüler), der in der verbalen Kampfkunst ausgebildet wurde, ist 29 Jahre alt. Er träumt von einem Rededuell mit Darth Faustus, einem Bischoff der Sekte der Manichäer, der hohes Ansehen genießt.

Seit mehreren Monaten studiert Augustinus fasziniert die Lehren von Faustus und der Manichäer. Er hat die Schriften des Propheten Mani gelesen und kennt sie beinahe auswendig. Mani lebte in der ersten Hälfte des 3. Jahrhunderts auf einem weit entfernten Planeten des persischen Systems. Seine Lehre, die sich bald in der gesamten Galaxie verbreiten sollte, war leicht verständlich. Glaubt man Mani und seinen Schülern, besteht die Welt aus zwei unversöhnlichen Elementen: Licht und Schatten, Gut und Böse, Weisheit und Dummheit. Zu Anbeginn, in der Ära der «vergangenen Zeit», herrschten Licht und Finsternis in zwei vollständig voneinander getrennten Reichen. Dann kam es zur Katastrophe: Horden von Dämonen griffen das Lichtreich der Engel an. Dieser Krieg markiert den Beginn der noch andauernden «mittleren Zeit», in der Gut und Böse sich erbittert bekämpfen. Der Auserwählte, genannt Jesus Christus, wurde Mani zufolge in diesen Kampf entsandt, um das Gleichgewicht wiederherzustellen. So erklärt sich sein Opfer.

Für den jungen Augustinus war es das Verdienst der manichäischen Lehre, den Ursprung des Bösen erklärt zu haben. Augustinus quälte die Vorstellung, dass ein unendlich guter Gott eine Welt erschaffen haben konnte, in der es Verbrechen, Kriege und Seuchen gab. «Woher kommt denn das Böse, da doch Gott selbst gut ist und alles gut geschaffen hat?» Wenn Gott gut ist und die Welt erschaffen hat, kann es in ihr kein Böses geben; alles in der Welt muss notwendig gut sein. Existiert Gott dagegen nicht, kann es auch kein Böses geben, denn in einer solchen Welt gäbe es auch keine Moral. In beiden Fällen – ob Gott existiert oder nicht – ist die Existenz des Bösen eine abwegige Idee. Die Thesen der Manichäer erscheinen Augustinus als Schlüssel zur Lösung: Sie glauben, dass Gott nie über die ganze Welt geherrscht hat, sondern nur über eines ihrer Reiche.

Endlich wird Augustinus ein Privatgespräch mit Darth Faustus gewährt. «Ich fand in ihm einen angenehmen, redegewandten Mann», schreibt er später in seinen «Bekenntnissen», «der über dieselben Lehren, die die Manichäer vortrugen, weit angenehmer zu plaudern verstand.» Diese Weltgewandtheit beeindruckt ihn allerdings wenig. «Was aber fragte mein Durst nach den prächtigen Bechern, mochte sie auch der gefälligste Mundschenk darreichen?» Gewiss, Faustus weiß sich auszudrücken. Augustinus entdeckt aber rasch seine Schwächen. «Ich fand in ihm einen Mann, der von den freien Künsten nur die Grammatik und auch diese nur sehr mäßig beherrschte. Er hatte einige Reden Ciceros gelesen, dazu sehr wenige Schriften Senecas, einige Dichterwerke und die Bücher seiner Sekte, die in gut stilisiertem Latein geschrieben waren.»

Ihre Unterhaltung kreist vor allem um die *Hyle*, die Materie, von der bei den griechischen Philosophen die Rede ist, und um deren Beschaffenheit. Nach dem Austausch von Höflichkeiten beginnt Augustinus seinen Angriff mit Argumenten, scharf wie ein Lichtschwert: «Ihr heuchelt Gelehrtheit und wisst nicht einmal, was die *Hyle* ist; ihr führt das Wort mit großem Pomp und wisst nicht einmal um seine Bedeutung», wütet er in einem Wortwechsel, von dem er später in seinem «Contra Faustum» berichtet. «Wenn die Griechen von der Natur sprechen, so bezeichnen sie mit *Hyle* eine bestimmte Materie, die selbst keine Form hat, aber jede Form eines Körpers annehmen kann.» Ihr aber «wisst nicht, was die *Hyle* bedeutet, und nennt sie Reich der Finsternis, in das Ihr nicht nur alle stofflichen Formen verbannt, sondern auch den Geist, der den Körpern diese Formen gibt, ohne selbst Form zu werden».

Faustus weiß sich nicht zu wehren und gibt sich geschlagen. Augustinus gelangt dagegen nach diesem Wortgefecht zu einer klaren Idee des Bösen. Er sieht jetzt den Irrtum der Manichäer: Sie betrachten sowohl die Welt als auch den Menschen als zweigeteilt. Das erklärt aber nicht alles. Wie hätte Gott eine Welt schaffen können, in der er ein Reich dem Bösen überlässt? Gott kann das Böse nur geschaffen haben, wenn er sicher wäre, es schließlich zu besiegen. In diesem Fall hätte er die Welt so geschaffen, dass es in ihr zu einem Kampf zwischen Gut und Böse kommen würde, der von vornherein für das Gute entschieden wäre. Warum aber sollte ein vollkommener Gott eine derart willkürliche Aggression eingeplant haben? Um diesen Widerspruch aufzulösen, bringt Augustinus den so schwierigen Begriff der *Hyle* ins Spiel. Das Böse, glaubt Augustinus, ist keine Materie. Daher kann es auch kein Reich des Bösen und keine Dämonenheere geben. All das ist nichts als Geschwätz. Um das Verb *sein* im strengen Sinne anzuwenden: Das Böse *ist* nicht. Gott hat eine gute Welt geschaffen und den Menschen darin mit einem freien Willen ausgestattet. Das Böse ist mit anderen Worten keine Substanz, sondern die Folge eines Willens, der sich von Gott abgewandt hat. «Ich suchte, was die Sünde sei, und fand nicht eine Substanz, sondern nur eine Verkehrtheit des Willens, der sich dem Niedersten zugewandt hat und sein Innerstes wegwirft und draußen sich aufbläht.»

Dass Augustinus aus dem Kampf gegen Faustus als klarer Sieger hervorgegangen ist, hat den Lehren der Manichäer seltsamerweise keinen Abbruch getan. Einfluss haben diese nicht zuletzt auf dem Planeten Hollywood, wo heute die Jünger von Mani den Ton angeben. Dieser Planet, der zur Konföderation des Sternenbanners gehört, ist bekanntermaßen ein merkwürdiger Ort, dessen Bewohner sich auf die Fertigung von Geschichten verlegt haben. Als Diener von Darth Mani und Darth Faustus produzieren sie aber vor allem Drehbücher, in denen es Gute und Böse gibt, die über unterschiedliche Reiche und Armeen herrschen. Diese liefern sich atemberaubende Schlachten, bis am Ende dank der Ankunft eines Auserwählten das Gute siegt. Der Held ist in ihren Geschichten ein Erlöser und faktischer Wiedergänger Christi. Leider propagieren diese überaus erfolgreichen Märchen aber mit wenigen Ausnahmen auch eine sehr grobschlächtige Idee des Bösen. Einer der wenigen Bewohner des Planeten Hollywood, der den subtileren und humaneren Ideen des Augustinus folgt, ist George Lucas.

Dies ist der Eindruck, den man aus den sechs ersten Episoden von «Star Wars» gewinnt: Der Held Anakin Skywalker ist weder gut noch böse. Er hat keine Substanz, sondern ein Schicksal. Er hat einen freien Willen und begibt sich genauso weit auf die

Seite des Bösen wie auf die des Guten. Er begeht die schlimmsten Verbrechen, etwa als er ein Blutbad unter den Jedi anrichtet und dabei auch Kinder nicht verschont oder als er in Episode III seine Frau Padmé angreift. Anakin tötet mit Graf Dooku (Episode III) und Palpatine (Episode IV) jedoch auch die zwei schrecklichsten Bösewichte der Serie und bricht damit deren Tyrannei. Es ist bemerkenswert, dass Anakin die schlimmsten Gräueltaten im Gewand des Jedi, dem Inbegriff des Guten, verübt. Erst im Gewand des Bösen – im dunklen Kostüm Darth Vaders – stürzt er Palpatine. Was zählt, ist also weder Kostümierung noch Körper. Deren Substanz kann sich nämlich mit der Zeit verändern. Allein der Wille entscheidet, ob man sich dem Guten oder Bösen zuwendet. Hier liegt das große Verdienst von «Star Wars»: In der Saga siegt Augustinus zum zweiten Mal über Faustus.

Wolfram Eilenberger

War Heidegger ein Sith?
Ein Versuch über die
dunkle Seite der Macht

Schon als Kleinkind soll er über besondere Fähigkeiten verfügt haben. Gering von Wuchs, doch mit wachem Verstand, trat er unter den Seinen deshalb früh als Anführer in Erscheinung. Obwohl er in einem kleinen Dorf in einer abgelegenen Provinz aufwuchs, weckte das Wunderkind bald auch das Interesse heiliger Männer. Priester kamen, nahmen sich seiner Talente an, brachten ihn in die Stadt und ermöglichten ihm ein Studium an der Akademie. Binnen kurzer Zeit eilte ihm auch dort, von Meistern wie Schülern gleichermaßen bewundert, der Ruf eines «geheimen Königs» voraus. Schließlich stieß er, zum Manne gereift, den eigenen Lehrer vom Thron, zwang ihn in die Verbannung und erlag, auf dem Höhepunkt seiner Fähigkeiten, gar dem Wahn, sich zum alleinigen Meister eines neuen Zeitalters aufzuschwingen, ja den «Führer selbst führen zu können».

Klingt bekannt, nicht wahr? Doch war in den vorangegangenen Zeilen nicht etwa von Anakin Skywalker oder Darth Vader die Rede, sondern vom Philosophen Martin Heidegger und damit von einem der einflussreichsten Denker des 20. Jahrhunderts. Denn genau wie Anakin vor langer Zeit in einer weit, weit entfernten Galaxie, so verfiel auch Meisterdenker Heidegger einst der dunklen Seite der Macht – und zwar zu Beginn der dreißiger Jahre, als er in die NSDAP eintrat und die Gestalt Hitlers als das Erwachen einer neuen, weltrettenden Macht pries.

Hat man sich erst einmal auf das Experiment eingelassen, sind die biographischen Gemeinsamkeiten zwischen dem Fall Skywalker / Vader und dem Fall Heidegger so umfassend und passgenau, dass sie zu einer eigenständigen philosophischen Untersuchung anregen. Kein Zweifel: Die Macht, sie war stark in Heidegger. Zu stark, um sich allein auf die Durchleuchtung biographischer Gemeinsamkeiten zu beschränken. Vielmehr führen die Gründe von Heideggers (Anakins) Weg auf die dunkle Seite der Macht direkt ins Zentrum seines Denkens, seiner Kultur, ja des Wesens der Philosophie selbst.

Die Macht erwacht

Der Zeitgeist der zwanziger Jahre, in dem Heidegger zum philosophischen Meister aufstieg, ist in Deutschland von dem Bewusstsein einer tiefen zivilisatorischen Krise bestimmt. Um es mit dem Vorspann der ersten «Star Wars»-Episode zu sagen: Die Weimarer Republik befindet sich «in einem chaotischen Zustand». Ihr Parlament zeigt sich entscheidungsschwach und verliert sich in «endlosen Debatten». Die Zweifel, ob das bestehende System in der Lage sei, die nicht zuletzt wirtschaftliche Krise zu beenden, werden immer lauter. Die Sehnsucht nach einem starken Führer füllt die Herzen vieler. Was tun? Wie zu einer neuen Ordnung, einem neuen Selbstverständnis finden?

Das waren die Fragen, mit denen sich Heidegger – wie die anderen Philosophen seiner Epoche auch – stellen musste. Sein Vorschlag zur Heilung der eigenen Kultur scheint zunächst voll und ganz auf der Seite der Jedi-Lehre zu liegen. Denn den Kern von Heideggers philosophischer Verfallsdiagnose bildet eine Unterscheidung, die man als die zwischen einer rein technisch instrumentellen Macht (in Heideggers Worten: das Gestell) und einer eher naturnahen und auch spirituellen «Force» im Sinne der Jedi beschreiben kann. Denker Heidegger sieht die gesamte abendländische Kultur einem zweckrationalen Gestell technischer Machbarkeit und ökonomischer Rationalisierung verfallen, das den Menschen als sinnsuchendes Wesen von den eigentlichen Quellen seines Daseins entfremdet und entwurzelt. Seiner Überzeugung nach ist der moderne Mensch für den Ruf der wahren und eigentlichen Kraft im Zentrum aller Dinge stumm, taub und unempfindlich geworden. Der Massenmensch versteht deshalb weder sich noch die Welt, in der er lebt. Er befindet sich in einem gefährlichen Zustand der «Seinsvergessenheit». In Heideggers Worten: «Das Wesen der Technik ist das Gestell, das Wesen des Gestells ist die Gefahr, das Gefährliche der Gefahr ist das sich verstellende Wesen des Seins selbst.»

Allein wenigen Weisen ist es in dieser dunklen Zeit vorbehalten, den Ruf des Seins und seiner wahrhaft welterneuernden Kraft zu vernehmen und diese Kraft zum Wohle aller nutzbar zu machen. Heideggers Schriften der späten zwanziger und dreißiger Jahre sind nun nichts anderes als verzweifelte Appelle, sich für die potenziell welterneuernde Kraft dieser anderen, poetischen und naturnahen Form der «Force» wenigstens offenzuhalten. Folgerichtig plädiert er – ähnlich wie viele Jedi – für das (antidemokratische) Ideal einer politischen Herrschaft eben jener Weisen, die in besonders engem Kontakt zur «Force» stehen.

Eine andere Welt ist möglich

Als mächtigste Vertreter eines Zeitalters, das sich ganz der Macht der Technik und dem ökonomischen Zweckrationalismus verschrieben hat, sieht Heidegger im realpolitischen Kontext der dreißiger Jahre sowohl den amerikanischen Kapitalismus wie auch den sowjetischen Stalinismus. Beide Systemangebote sind für ihn letztlich Ausdruck der gleichen Seinsvergessenheit, stehen gleichermaßen im daseinsverfehlenden Bann des Gestells der Technik. Zudem sieht Meister Heidegger, einer zeitraumtypischen Wahnvorstellung folgend, vor allem das Volk der Juden als paradigmatischen Vertreter einer Weltanschauung, die sich ohne engeren Natur- und Heimatbezug ganz dem rechnenden Denken des Gestells verschrieben hat.

Als Denker befindet sich Heidegger zu Beginn der dreißiger Jahre deshalb in einer anakinhaften inneren Anfälligkeit. Er beklagt die Dysfunktionalität des bestehenden Systems, verfügt über eine eigenständige, denkbar tiefgreifende und durchaus jedinahe Deutung für die wahren Gründe der Krise und gerät so in den Sog eines neuen Diktators (Hitler), der einen kompromisslosen Weg aus der Krise verspricht und zudem im Namen seines Volkes ein neues Zeitalter, gleichsam einen dritten, erdnahen Weg jenseits von Kommunismus und Kapitalismus verspricht. Wer sich konkret vorstellen will, was für eine neue Welt sich Heidegger in seiner Schwarzwaldhütte zusammendachte, mag tatsächlich gut beraten sein, sich eine Mischung der beiden Völker auf Prinzessin Padmés Heimatplaneten Naboo vorzustellen: also eine Art mittelalterliche Ständegesellschaft eines edlen, homogenen Volkes mit einer nachhaltigen, organischen Technologie und Naturbeherrschung, wie sie die ebenfalls auf Naboo ansässigen Gungans des späteren Senators Jar Jar Binks kultivieren.

Das Fanal des Todessterns

Heidegger – und das eint ihn mit dem Fall Anakin – verfällt der dunklen Seite der Macht also in der Hoffnung, den Kern seiner Lehre zu schützen und zur vollen Geltung zu bringen. Schon bald und dennoch zu spät erkennt er, was auch Anakin begreifen muss: der Führer, den er als Retter imaginierte, ist in Wahrheit der eigentliche und letzte Vollstrecker eben jenes Zeitalters der kalten, gewissenlosen und instrumentellen Technik und Machtpolitik, die es im Namen der «Force» eigentlich zu verhindern galt.

Die Figur des Todessterns, jener Wunderwaffe des neuen Imperators, die mit einem Schlag ganze Planeten auszulöschen vermag, steht in der «Star Wars»-Saga beispielhaft für den Siegeszug der Macht der Technik gegen die Macht der Jedi. (Sie ist von George Lucas als Autor der Saga ohne Zweifel als Anspielung auf Hitlers Streben nach der Wunderwaffe, also der Atombombe, gedacht.) Im Sinne Heideggers gesprochen stellt der Todesstern die denkbar klarste Verkörperung seines Albtraums vom Zeitalter der planetarischen Kraft der Technik dar, nämlich eine selbst zum Planeten gewordene Kriegs- und Lebensvernichtungsmaschine.

Die jüngst veröffentlichen «Schwarzen Hefte», also die Denktagebücher Heideggers aus den dreißiger Jahren (insbesondere Band 94 und 95), legen dabei ein erschütterndes Zeugnis vom inneren Kampf Heideggers ab, der in diesen Jahren einerseits immer klarer erkennt, welch fatalem, ja todbringendem Missverständnis er mit seiner Unterstützung des Nationalsozialismus erlegen ist, andererseits aber doch nicht von der Hoffnung lassen kann, der von den Nazis angestrebte Weltenkampf werde letztlich eine Befreiung vom Gestell der Technik ermöglichen.

Ab dem Jahr 1935 bricht die biographische Analogie zwischen Heidegger und Anakin ab, denn anstatt sich wie Darth Vader mit

Haut und Haaren der dunklen Seite zu verschreiben, geht Heidegger nach seinem gescheiterten Rektorat an der Universität Freiburg in eine Art Exil. Die Schwarzwaldhütte in Todtnauberg fungiert dabei als sein privates Dagoba-System, von wo aus er sich fortan in raunenden, yodaähnlichen Prophezeiungen über den Weg des Menschen in einem Zeitalter planetarischer Verlorenheit ergießt: «Difficult to see the future is. Only now a God can save us ...»

Die Angst als Urgrund des Bösen

Doch erklären die kulturdiagnostischen Motive in Heideggers Werk wirklich ausreichend, wie und weshalb einer der größten Denker des 20. Jahrhunderts sich dem Nationalsozialismus anschließen, ihm zeitweise sogar verfallen konnte? Oder geht die innere Verbindung zwischen Politik und Philosophie noch weiter? Kann sie uns vielleicht auch bis heute etwas über das stets anfällige Wesen des Denkens lehren?

Tatsächlich entwirft Heidegger bereits in seinem Hauptwerk «*Sein und Zeit*» von 1927 eine ausgefeilte Theorie der emotionalen Urgründe, die ein menschliches Dasein auf den rechten (oder eben falschen) Pfad führen. Die alles bestimmende Grundbefindlichkeit für Heidegger ist dabei die Angst, also jene Emotion, die in der «Star Wars»-Saga als eigentlicher psychischer Angriffspunkt der dunklen Seite benannt wird. Wenn Meister Yoda oder Obi-Wan Kenobi ihren Meisterschüler Anakin immer wieder ermahnen, seine «Gefühle zu kontrollieren», so geht es ihnen dabei insbesondere um das Gefühl der Angst. Bereits bei dem ersten Treffen zwischen Yoda und Anakin – Anakin wird von Obi-Wan dem Jedi-Rat vorgestellt – erspürt Yoda ein besonders hohes Maß an Angst in dem Wunderkind. Später dann, im dritten Teil der Saga («Die Rache der Sith»), wird Yoda den zum Mann gereiften Anakin noch einmal ausdrücklich warnen, die Angst sei der Pfad zur dunklen Seite der Macht, insbesondere die Angst vor der Endlichkeit der menschlichen Existenz.

Die Betonung der Angst bildet, wie gesagt, auch den existenziellen Kern von Heideggers *Sein und Zeit*. Anders als die Jedi-Meister erkennt Heidegger in der Angst allerdings nicht das Tor in die Dunkelheit, vielmehr preist er sie ausdrücklich als Bedingung der Möglichkeit einer wahrhaft selbstbestimmten Existenz: «Der durch die Angst gestimmte Ruf ermöglicht dem Dasein allererst den Entwurf seiner selbst auf sein eigenstes Seinkönnen» (*«Sein und Zeit»*). Die Möglichkeit, sich im Zeichen der Angst auf sich selbst zu besinnen, steht dabei nach Heidegger im Prinzip immer offen: «Die ursprüngliche Angst kann jeden Augenblick im Dasein (als reine Angst) erwachen» (*«Was ist Metaphysik»*). Im genauen Gegensatz zu den Lehren der noblen Jedi um Meister Yoda und Obi-Wan Kenobi fordert der mit der Macht des Denkens reich beschenkte Heidegger ausdrücklich dazu auf, sich der Angst zu stellen, diese Angst in sich wirken und wachsen zu lassen. Besonders deutlich wird dies anlässlich der berühmten Davoser Disputation zwischen Heidegger und Ernst Cassirer im Jahre 1929. Im Verlauf dieses Streitgesprächs werden die beiden damals führenden Köpfe der deutschsprachigen Philosophie von einem Studenten ganz direkt auf die Bedeutung der Angst für das Philosophieren angesprochen. Die Frage – wir können sie uns leicht auch als Frage eines «Jünglings» in der Jedi-Akademie vorstellen – lautete: «Wie weit hat die Philosophie die Aufgabe, frei werden zu lassen von der Angst? Oder hat sie nicht die Aufgabe, den Menschen radikal der Angst auszuliefern?»

Es lohnt sich im Kontext, die Antworten der beiden disputierenden Meister im Wortlaut zu zitieren.

Meister Cassirer antwortete: «Die Philosophie hat den Menschen so weit frei werden zu lassen, so weit er nur frei werden kann.» Frei von der Angst.

Meister Heidegger aber entgegnete: «Der Mensch soll die Angst des Irdischen nicht von sich werfen; er soll in der Furcht des Todes bleiben.»

Wenn es einen Satz gibt, der Heideggers Anfälligkeit für die dunkle Seite der Macht offenbart, dann ist es dieser. Um es in der Diktion der «Star Wars»-Saga zu sagen: Mit seiner Aufforderung an die Studenten, unbedingt «in der Furcht vor dem Tode zu bleiben» und die «Angst nicht von sich zu werfen», gibt sich Heidegger bereits im Jahre 1929 als dunkler Denker, als Sith der Philosophie zu erkennen. Aus Jedi-Sicht verwendet er die Sprache der dunklen Seite par excellence: die Versklavung durch die eigenen Ängste wird von Heidegger als eigentliches Tor zur Freiheit gepriesen, die Dominanz der dunkelsten Affekte als Weg zum Kern des eigenen Selbst.

Die Lehren der Philosophie

Bis heute sind die Schlüsselfragen einer jeden Jedi-Ausbildung auch die Schlüsselfragen der Philosophie geblieben: Wie hältst du es mit der Angst? Soll unsere Schulung zu einer Befreiung von ihr führen? Oder vielmehr zu einer Vertiefung in sie?

Heideggers Antworten sind klar. Genauso waren es auch die Anakins. Ihre todbringenden Beispiele sollten uns bis heute eine Mahnung sein, wenn es darum geht, den richtigen Pfad im eigenen Leben und Denken zu wählen. Möge die Kraft dazu mit uns sein.

Frauen, Maschinen, Aliens – Die «Anderen» im «Star Wars»-Universum

Catherine Newmark

Ferne Galaxien ohne Frauen. «Star Wars» feministisch gelesen

«*Im Mittelpunkt des Feminismus steht die Frage der Repräsentation. Historisch gesehen war der Feminismus immer ein Kampf für die richtige Darstellung von Frauen.*»

THERESA MAN LING LEE, *Feminism, Postmodernism, and the Politics of Representation*, 2001

In «Das Erwachen der Macht» gibt es eine Szene, in der Rey zum Lichtschwert greift. Ein kleiner Schritt für die Schauspielerin – ein großer für das «Star Wars»-Universum: Endlich gibt es weibliche «Force»-Anwenderinnen in Hauptrollen, die ein Lichtschwert zu schwingen verstehen. Von Prinzessin Leia Organa hieß es zwar gelegentlich, dass die Macht stark sei in ihr, eine Evidenz dafür blieben uns die ersten drei Filme in den 1970er und 1980er Jahren allerdings schuldig. Leia levitierte keine Raumschiffe, sie manipulierte nicht mit «Force»-Suggestion den Willen von Gegnern, und sie kämpfte nie mit einem Lichtschwert. Ihre «Force»-Begabung, die von den Filmen behauptet wurde und aus der Familiengeschichte heraus durchaus plausibel war – schließlich war sie genauso wie der Retter des Universums, Luke Skywalker, ein

Kind von Anakin Skywalker/Darth Vader –, blieb mithin rein virtuell. Ihr Sohn hingegen, auch dies erfahren wir in Episode VII, ist genauso stark in der «Force» wie sein Onkel Luke und sein grausiger Großvater Darth Vader, dem er nacheifert.

Doch es ist nicht nur das fehlende Verhältnis von Frauen zur «Force», das in den ersten sechs «Star Wars»-Filmen auffällt, sondern vielmehr das fast völlige Fehlen von Frauen insgesamt. Es gibt in den ersten beiden Trilogien mit Leia und Padmé Amidala jeweils eine attraktive weibliche Protagonistin mit ausgefallener Frisur, aber daneben meist kaum eine Handvoll weiblicher Nebenfiguren. Das ist einerseits nicht erstaunlich. «Star Wars» ist ja irgendwo zwischen Action-Film, Mittelalter-Fantasy mit fernöstlichem Einschlag und Western in den Sternen anzusiedeln, und dementsprechend ist es – charakteristisch für die Konventionen der Genres, von denen es inspiriert ist – über die Jahrzehnte vorrangig eine Geschichte von Männern für Männer und über Männer gewesen. Zugleich aber ist eine gewisse Verwunderung doch angebracht. Denn neben den aufgeführten Genres bedient sich «Star Wars» eindeutig auch bei der Science-Fiction, also jenem utopischen Genre, das sich avancierte Technologienutzungen vorstellen kann, ganz andere gesellschaftliche Verhältnisse und einen ungeheuren Reichtum an außerirdischen Lebensformen, an kaum mehr anthropomorphen Aliens. Gerade der liebevolle Detailreichtum, mit dem George Lucas sich die exotischsten Lebensformen ausdenkt und auf die Leinwand bringt, lässt die Frage aufkommen, warum diese so unterschiedlich gearteten Lebewesen fast ausnahmslos männlich zu sein scheinen.

Das Fehlen von Repräsentation – von politischer Vertretung, von Teilhabe an Öffentlichkeit im Allgemeinen und an Macht im Besonderen, aber auch die eingeschränkte Darstellung von Frauen in der Kunst – ist von Anfang an ein zentrales Thema der feministischen Theorie gewesen. Die auffällige Absenz und das eingeschränkte Rollenrepertoire von Frauen in «Star Wars» ist nicht nur deshalb von philosophischem Interesse, weil sich in Literatur, Kunst und Film reale gesellschaftliche Verhältnisse spiegeln, also beispielsweise die Marginalisierung von Frauen oder ihre Darstellung in bestimmten Rollen. Die künstlerische Kreation von Bildern und Vorbildern ist vielmehr auch deshalb bedeutend, weil sie uns Vorstellungen von uns selbst ermöglicht und damit Realität durchaus mitformt. Fiktionale Werke sind aussagekräftig, weil sie sowohl Gesellschaftspolitik *machen*, indem sie bestimmte Wunschbilder herstellen, als auch die Reichweite der Imagination vermessen, die Grenzen desjenigen, was zu einer bestimmten Zeit *denkmöglich* ist.

Der utopischen Phantasie, das lässt sich an den «Star Wars»-Filmen ebenso wie an anderen Science-Fiction-Werken sehen, sind mit Blick auf Technologie weit weniger Grenzen gesetzt als mit Blick auf gesellschaftliche Verhältnisse. Überlichtgeschwindigkeit oder unermesslich große Todessterne und Sternenkreuzer lassen sich offensichtlich problemlos imaginieren. Wo es aber um das Verhältnis von Männern und Frauen geht, scheint sich die Darstellung recht genau entlang der jeweiligen gesellschaftspolitischen Realitäten zu bewegen. Genau das macht aber die Film-Serie, die mittlerweile fast ein halbes Jahrhundert umspannt, zu nahezu idealem Anschauungsmaterial, um eine Geschichte der sich wandelnden Geschlechterrollen und der Fortschritte zu schreiben, aber auch um Rückschritte zu dokumentieren, die der Feminismus in den letzten 40 Jahren erlebt hat. Gerade weil in Science-Fiction und Fantasy die realen Umstände unserer Welt in verfremdeter Form abgehandelt werden, bieten Produkte dieser Genres einen interessanten Spiegel der wirklichen gesellschaftlichen Verhältnisse in unserer Welt. Um es mit Karl Kraus zu sagen: Sie werden zur Kenntlichkeit entstellt.

Prinzessin Leia – der feministische Aufbruch der 1970er und 1980er Jahre

«Ich weiß nicht, wer Sie sind, und auch nicht, woher Sie kommen, aber von jetzt an tun Sie, was ich Ihnen sage, o. k.?»

PRINZESSIN LEIA ZU HAN SOLO IN *«Eine neue Hoffnung»*

In der ersten «Star Wars»-Trilogie, die zwischen 1977 und 1983 in die Kinos kam, kann man die weiblichen Figuren neben Prinzessin Leia an einer Hand abzählen. Lukes Tante Beru, die in ein paar Szenen freundlich mütterlich im Hintergrund wirkt, sowie die Senatorin Mon Mothma, die mit der Rebellenallianz den Angriff auf den neugebauten Todesstern vorbereitet, sind die einzigen, die dabei auch sprechen. Sie kommen, wie penible Rechercheure herausgefunden haben, im 386-minütigen dreiteiligen Filmepos zusammen auf genau 63 Sekunden Redezeit. Die übrigen weiblichen Figuren sind stumm und werden einem Monster zum Fraß vorgeworfen, wie die Sklavin Oola, oder sie treten als erotische Sängerinnen auf, wie Sy Snootles, die wie ein menschengroßer Frosch mit Lippenstift aussieht. Es gibt außerdem noch zwei, drei Hintergrundtänzerinnen, und der Teddybärchen-Stamm der Ewoks scheint Männer und Frauen zu kennen, ja sogar – selten in der weit, weit entfernten Galaxis – *Kinder* sieht man auf dem Waldmond Endor. Darüber hinaus aber gibt es vor allem Männer und ihre Knarren und Raumschiffe. Natürlich sind die Orte, an denen die Geschichte spielt, bei uns traditionell männlich kodiert: die Armee des bösen Imperiums, die Feldlager der Rebellenallianz, die Gangster-Burg des mafiösen Bösewichtes Jabba the Hutt. Doch selbst in der Hochphase der seit Anfang der 1970er Jahre wirkmächtigen Frauenbewegung konnte man sich in Hollywood offensichtlich nicht vorstellen, dass diese Orte nicht immer, zu jeder Zeit und in jeder Galaxie, rein männlich sein müssten.

Ein interessantes Gegengewicht zu diesem allgemeinen Befund fast komplett abwesender Weiblichkeit bildet die Figur der Prinzessin Leia. Wenn Luke Skywalker nach klassischem mythologischem Muster und in enger Anlehnung an die Erkenntnisse des Mythenforschers Joseph Campbell eine «Heldenreise» durchläuft, so kann man bei seiner Schwester Leia durchaus auch eine Reise ausmachen, genauer: eine Emanzipation. Sie betrifft weniger die innere Entwicklung der Figur als die äußere der Darstellung dieser weiblichen Protagonistin. Ihre Filmkarriere beginnt sie als «damsell in distress», also jene klassischste aller Prinzessinnenrollen: die schöne und adlige Jungfrau, die von einem jugendlichen Helden vor Gefahren oder bösen Mächten gerettet werden muss. In Leias erster Szene, in der sie fast ohne jede Gegenwehr von Darth Vader gefangen genommen wird, scheint sie überhaupt keine Ahnung zu haben, was sie mit dem Schießgerät in ihren Händen anfangen soll. Bei ihrer Befreiung durch Han Solo und Luke Skywalker zeigt sie sich dann allerdings nicht mehr ganz so passiv. Und im Laufe der Abenteuer der ersten Trilogie handelt sie immer mehr als ebenbürtige Gefährtin der männlichen Protagonisten. Sie macht jeden Schusswechsel mit und findet aus jeder brenzligen Situation heraus. In Episode VI lenkt sie sogar einen Düsenschlitten auf dem Waldmond Endor, mit Luke hintendrauf: eine in der Geschichte Hollywoods fast einmalige Motorradszene, in der die Frau Fahrerin und der Mann Beifahrer ist. (Dass ihr Luke während der ganzen Szene überflüssige Anweisungen ins Ohr schreit, schmälert die progressive Bildsprache nur unwesentlich.) Kurz, Leia wird immer mehr zum Inbegriff einer spezifischen feministischen Phantasie: der toughen Heldin, die einer durch und durch männlichen Welt beweist, dass Frauen auch «ganze Kerle» sein können, die es mit den männlichen Helden aufnehmen können.

Diese durchaus emanzipatorische Entwicklung von Leia Organa, Anführerin der Rebellenallianz, wird durch einzelne Exploitation-Elemente wie den berühmt-berüchtigten goldenen Bikini, in dem Leia in Episode VI als Gefangene von Jabba the Hutt auftritt, nicht wesentlich beeinträchtigt – schließlich erdrosselt die Gefangene die «gigantische Nacktschnecke» Jabba postwendend. Die Schauspielerin Carrie Fisher merkte in Reaktion auf die sowohl feministische als auch religiös-konservative Kritik an dem freizügigen Auftritt schlagfertig an: «To the father who flipped out about it – ‹what am I going to tell my kid about why she's in that outfit?›. Tell them that a giant slug captured me and forced me to wear that stupid outfit, and then I killed him because I didn't like it. And then I took it off. Backstage.» Auch die zeittypisch robusten Annäherungsversuche Han Solos, die heutigem Verständnis nach tendenziell schon fast in die Kategorie sexuelle Belästigung fallen würden, stören da nicht groß. Kurz: Leia ist ein früher Prototyp des in Hollywood inzwischen sehr beliebten weiblichen Action-Stars, der zwar stets sexy bleibt, aber austeilen kann mit den Besten – und in diesem Sinne eine durchaus emanzipatorische Figur.

Königin Padmé Amidala – Backlash in den 1990ern und 2000ern

«Ani, ich möchte, dass unser Kind auf Naboo geboren wird. Wir könnten ins Seengebiet fahren, wo uns niemand kennt. Ich könnte vorausfahren und das Kinderzimmer einrichten. Ich weiß schon, wo es hinkommen soll. Direkt bei den Gärten.»

PADMÉ AMIDALA ZU ANAKIN SKYWALKER
IN «Die Rache der Sith»

Die zweite Trilogie, die zwischen 1999 und 2005 in die Kinos kam, wartet aus feministischer Perspektive mit einer unschönen Überraschung auf. Zwar gibt es in der Saga mehr weibliche Statistinnen, welche die reale weibliche Eroberung der ehemals rein männlichen Sphären Politik, Militär und Berufswelt seit den 1970er Jahren spiegeln. So treten zum Beispiel einzelne weibliche Pilotinnen und Jedi-Ritterinnen auf. Zugleich aber kommen in dieser Trilogie noch weniger weibliche Nebenfiguren als in den früheren Filmen vor, und sie sprechen ähnlich wenig: Eine Kopfgeldjägerin, die nach rasanter Verfolgungsjagd stirbt; ein paar Zofen um Königin Padmé Amidala; Anakin Skywalkers aufopferungsvolle Mutter Shmi.

Besonders die Hauptfigur, Padmé Amidala, spiegelt den antifeministischen «Backlash», der spätestens ab den 1990er Jahren der weiblichen Eroberung der Öffentlichkeit folgte und sich unter anderem in einer neuerlichen Ideologisierung der fürsorglichen, mütterlichen Rolle von Frauen äußerte. Padmé Amidala ist zunächst mächtige Königin von Naboo, später Senatorin ebendieses Planeten in der galaktischen Republik. Aber sie durchläuft im Laufe der Filme anders als Leia nicht eine Reise hin zu mehr Selbständigkeit, sondern macht genau umgekehrt eine regressive Entwicklung durch. Während Leia sich von der «Prinzessin in Nöten» zur kämpfenden Heldin und Mitretterin der Galaxie entwickelt, beginnt Padmé als Königin und endet als leidgeprüfte Hausfrau und Mutter. Im ersten Film der Prequel-Trilogie tritt sie noch als kompetente Herrscherin auf, die ihren Planeten gegen einen Angriff der bösen Handelsföderation energisch und kämpferisch verteidigt. In der ziemlich kitschigen zweiten Folge der Prequels verliebt sie sich in Anakin Skywalker und scheint von da an jegliches Interesse an Politik zu verlieren. Sie heiratet ihn heimlich, wird schwanger und zieht sich zunehmend aus der Welt zurück. Im letzten Film der Trilogie, «Die Rache der Sith», beschäftigt sie schließlich vorrangig die Sorge um Anakins Wohlbefinden und die Einrichtung eines Kinderzimmers. Bevor sie an «gebrochenem Herzen» stirbt – der klassische Prinzessinnentod.

Kurz: Unter dem Eindruck der Fortschritte der zweiten Frauenbewegung lautet die Botschaft in der ersten Trilogie klar: Frauen, ihr könnt mit den Männern mithalten, egal wie seltsam eure Frisuren, eure weißen Gewänder oder eure goldenen Bikinis sind. Dagegen vermittelt die Prequel-Trilogie eine weitaus problematischere Message, die ungefähr so zusammengefasst werden kann: Frauen, ihr seid zwar jetzt berufstätig und politisch aktiv, ihr könnt sogar regieren – aber ihr müsst dabei dekorativ aussehen, und letztlich sehnt ihr euch doch vor allem nach der großen Liebe, nach Kindern und nach dem Rückzug ins Eigenheim. Nicht zufällig erinnert die zweite Folge der Prequel-Trilogie streckenweise viel eher an romantische Schmonzetten aus den restaurativen 50er Jahren als an Western- oder Action-Filme.

Tokenism und das Problem der Repräsentation

Genauer gesagt adressieren sich diese jeweiligen Botschaften allerdings nicht an «Frauen», sondern an «Frau» – eine wichtige Unterscheidung. Denn egal wie unterschiedlich emanzipativ die beiden Protagonistinnen angelegt sind, beide bewegen sich in fast komplett männlichen Welten jeweils als Singular. Es gibt immer nur eine handlungstreibende Frauengestalt, die einer Fülle von männlichen Rollen – vom jugendlichen Helden über den sympathischen Gauner und den weisen Lehrer bis zu einer jeweiligen Vielzahl von Schurken – gegenübersteht.

Diese Vereinzelung von Frauen wird in der feministischen Theorie unter dem Begriff «Tokenism» verhandelt. Grob gesagt weist diese Beschreibung von einzelnen Frauen (oder Mitgliedern von Minderheiten) als «tokens» (Zeichen) auf den Umstand hin, dass eine einzelne Schwalbe noch keinen Sommer macht, dass mithin eine einzelne Frau in einer ansonsten gleichbleibend männlichen Welt noch nicht besonders viel zur allgemeinen Gleichberechtigung der Geschlechter beiträgt. Eine nicht nur in Hollywood-Filmen, in diesen aber in besonderem Maße auffällige Konstellation.

Eingehend beschrieben hat diese Problematik zuerst die Soziologin Rosabeth Moss Kanter in einem zufällig im Jahr des ersten «Star Wars»-Films 1977 erschienenen Buch mit dem Titel «Men and Women of the Corporation». Moss Kanter analysiert die Schwierigkeiten von Frauen ebenso wie Angehörigen einer Minderheit, in einer von weißen Männern dominierten Berufswelt zu reüssieren, wenn sie, wie in den 1970er Jahren oft der Fall, in ihrem Umfeld jeweils alleine bestehen müssen oder zumindest als eine von wenigen. Sie unterliegen dann nämlich erstens einem enormen Anpassungsdruck, sich wie die männliche Mehrheit zu verhalten, also Eigenschaften und Verhaltensmuster der Mehrheitsumgebung zu übernehmen oder sogar überkompensatorisch zu verkörpern. Andererseits werden sie aber auf die ihnen jeweils zugeschriebene Spezifizität, bei Frauen auf ihre Weiblichkeit, festgelegt, und also permanent als «anders», als «das Andere» markiert. Sie stehen in beider Hinsicht unter ständiger Beobachtung. Frauen, die dann traditionell «männliche» Eigenschaften übernehmen, gewinnen zwar an Akzeptanz als Kollegin, bekommen aber Probleme, wenn ihnen diese Eigenschaften als «unweiblich» ausgelegt werden; Frauen, die traditionell als «weiblich» aufgefasste Kommunikations- und Verhaltensweisen beibehalten, werden dagegen als inkompetent wahrgenommen, weil sie nicht den «männlich» konnotierten Habitus des Berufsfeldes übernehmen. Die Existenz als extreme Minderheit in einem durch eine Mehrheit vorgeformten Feld ist mithin eine ziemlich unmögliche Position, bei der Frauen nur verlieren können. Eine Problematik, die auch heute noch in manchen Bereichen anzutreffen ist, trotz vieler Fortschritte in den letzten Jahrzehnten und vielen mittlerweile anerkannten Verschiebungen in Berufskulturen – man denke an den Aufstieg von sogenannten «soft skills» und die vieldiskutierten Studien über den besseren Erfolg von heterogenen Teams. Man muss nur das Buch «Lean In» von Facebook-Chefin Sheryl Sandberg, einer der erfolgreichsten Managerinnen der Gegenwart, lesen: auch sie beschreibt für die heutige Berufswelt genau den gleichen Double-Bind zwischen Kompetenzzuschreibung und Geschlechterstereotypien. Oder an Spitzenpolitikerinnen denken, die permanent zwischen einer übersteigerten Aufmerksamkeit für ihr Äußeres, also ihre «Weiblichkeit», und einem Zweifel an ihrer Kompetenz feststecken. («Kann die das?» war der Vorbehalt, der Angela Merkels Kampagne für die Kanzlerschaft wie ein *basso continuo* begleitete, während gleichzeitig ihre Hosenanzüge und ihre Frisur bis weit in die Kanzlerinnenschaft Lieblingsthema der Medien blieben.)

Der Anpassungsdruck, unter den Frauen geraten, wenn sie als Minderheiten agieren müssen – auch das hat Moss Kanter schon klar formuliert – führt gerade nicht dazu, dass sich weibliche Gegennetzwerke bilden, sondern verhindert weibliche Solidarität recht effektiv. Eine Frau in einer solchen Position hat ein wohlbegründetes und rationales Interesse, die einzige zu bleiben, wird ihr doch permanent signalisiert, wie prekär ihr Ausnahmestatus ist, wie abhängig sie vom Wohlwollen der sie umgebenden Mehrheit ist. Auch wenn das in dieser Absolutheit heute in vielen öffentlichen Sphären und Berufsfeldern nicht mehr gilt, ist die Stellung von Frauen in den Sphären der Macht doch offenbar noch immer genügend problematisch, dass Quoten ein heißdiskutiertes Thema bleiben. Nicht zufällig wird dabei oft mit der Zielvorgabe 30 Prozent gearbeitet. Denn soziologische Studien haben festgestellt, dass es ziemlich genau diesen Anteil braucht, damit etwas als normal und nicht mehr als Ausnahme wahrgenommen wird.

Hollywood und der Bechdel-Test

Interessanterweise wird im Hollywood-Kino der Ausnahmestatus von Frauen fast noch stärker zementiert als in den Chefetagen dieser Welt. «Star Wars» steht mit seinem Mangel an weiblichen Figuren nicht allein da. Vielmehr scheint die Frau als Einzelkämpferin geradezu die Norm zu sein. Der sogenannte «Bechdel-Test» macht diese Sachlage sehr anschaulich deutlich. Der Test ist ein ursprünglich eher scherzhaft eingesetztes feministisches Spiel, benannt nach einem Comicstrip der Zeichnerin Alison Bechdel aus dem Jahr 1985. Um den Bechdel-Test zu bestehen, müssen Filme drei Kriterien erfüllen: Es müssen in einem Film erstens mindestens zwei Frauen vorkommen, die zweitens mindestens einmal miteinander reden, und zwar drittens *nicht* über einen Mann. Was erst mal als absurd niedrige Hürde erscheint, entpuppt sich für das Filmgeschäft als Augenöffner: Wie man selbst überprüfen kann, besteht nach wie vor die Mehrzahl der Blockbuster jedes Jahrgangs, aber auch die Mehrzahl der oscarnominierten Filme diesen Test *nicht*. Die Rollenfestlegung von weiblichen Figuren als «tokens», als vereinzelte Ausnahmen im Figurengefüge von Polizisten, Gangstern, Bösewichten usw. sowie als Sidekicks der aktiven männlichen Figuren, als Love-Interests und dekorative Elemente für den von der feministischen Filmkritik seit den 1970ern kritisierten männlichen Blick, ist relativ ungebrochen.

Auch die ersten sechs «Star Wars» Filme bestehen diesen Test nicht. Mit Prinzessin Leia wurde zwar durchaus eine bestimmte Art von weiblicher Action-Heroine geboren, die sich in den Jahrzehnten nach ihr und verstärkt ab den nuller Jahren in Hollywood etabliert hat. Den vermeintlichen Konflikt zwischen Kompetenz und Weiblichkeit umschiffen die Heroinen von Lara Croft bis Elektra ähnlich wie Prinzessin Leia dadurch, dass sie einerseits genauso schlagkräftig auftreten wie die Männer und andererseits eine oft grotesk anmutende überhöhte Weiblichkeit an den Tag legen, die sich in extrem aufreizenden Kostümen äußert. Sie vermitteln aber fast alle weiterhin, dass Frauen nur als Einzelkämpferinnen in die «große» Welt der Männer zugelassen werden. Die Botschaft der ersten sechs «Star Wars»-Filme und des Großteils heutiger Hollywood-Produktionen ist immer noch: Ihr könnt Heldinnen sein, solange ihr sexy bleibt – aber ihr könnt das nur im Singular. Weiblichkeit bleibt die extreme Ausnahme. Und Frauen treten – außer beim Austausch von Männergeschichten unter besten Freundinnen – nie solidarisch oder auch nur kooperativ auf. Eine weder triviale noch harmlose Botschaft.

Die Macht ist erwacht – und siehe da, sie ist weiblich

Ausgerechnet «Star Wars» durchbricht nun allerdings mit der ersten Folge der neusten Trilogie, «Das Erwachen der Macht» von 2015, diese Botschaft und gibt damit durchaus Anlass zu neuer Hoffnung. Der Film etabliert mit Rey eine weibliche Heroine, die zwar gut aussieht, aber nicht als Sexsymbol inszeniert wird, die wehrhaft ist, die die «Force» auch kämpferisch nutzt und die mit ihrem Sieg über den bösen Kylo Ren selbst eine «Heldenreise» antritt, sich also in den Fußstapfen von Luke Skywalker bewegt.

Der Film besteht sogar den Bechdel-Test, indem er neben dieser weiblichen Hauptfigur auch eine Reihe von weiblichen Nebenfiguren auftreten lässt, die mit Rey sprechen, und zwar nicht über Männer, sondern beispielsweise über Politik, die «Force» oder über Lichtschwerter. Allen voran die Großmutter aller Schmuggler Maz Kanata, die etwa die Position einnimmt, die ehemals Yoda innehatte: ein sehr altes, sehr kleines und sehr weises «Force»-begabtes Wesen, das gute Ratschläge erteilt. Auch Bösewichte sind erstmals nicht ausschließlich männlich, sondern – zumindest in der Gestalt der walkürenhaften Sturmtruppler-Offizierin Captain Phasma – offensichtlich jetzt in weiblicher Form denkbar. Und schließlich ist auch Prinzessin Leia wieder als Anführerin einer Rebellenallianz zurück – und: Sie hat zwar mit Han Solo ein

Kind (oder möglicherweise zwei Kinder?) bekommen, dabei aber offensichtlich nicht wie Padmé Amidala den Drang zum Rückzug in eine rein häusliche Sphäre empfunden. 2015 mögen noch nicht alle weiblichen Wünsche nach Partizipation und Repräsentation erfüllt sein, weder in der Weltpolitik noch in den Chefetagen, aber immerhin ist in der Phantasie des «Star Wars»-Universums eine Welt *denkmöglich* geworden, in der Frauen alles sein können. Und dabei nicht allein sein müssen.

Yves Bossart

Wookiees verstehen – aber wie? Interstellare Kommunikation mit Wittgenstein

Die Welt von «Star Wars» besteht aus unzähligen bizarren Lebewesen und Maschinen, die jeweils unterschiedliche Sprachen sprechen. Diese kosmische Sprachverwirrung wirft jede Menge philosophischer Probleme und Rätsel auf. Die zentrale Frage ist sicherlich, wie die vielen unterschiedlichen Lebewesen und Roboter überhaupt miteinander kommunizieren können: Wie können sich zwei Sprecher verstehen, wenn sich ihre Lebensformen und Denkweisen grundlegend unterscheiden? Können fremde Wesen überhaupt eine gemeinsame Sprache finden?

Der österreichische Sprachphilosoph Ludwig Wittgenstein meinte einmal: «Wenn ein Löwe sprechen könnte, wir könnten ihn nicht verstehen.» Mit dieser paradoxen Formulierung wollte er darauf hinweisen, dass jede Sprache in eine Lebensform eingebettet ist, in eine Art, zu denken, zu fühlen und zu handeln. Wenn uns eine Lebensform sehr fremd ist, werden wir nie eine gemeinsame Sprache finden, so Wittgenstein, denn wir können die Äußerungen und Verhaltensweisen der anderen nicht nachvollziehen. «Wir können uns nicht in sie finden», scheibt er. Um eine Sprache zu verstehen, müssen wir zunächst die Sprecher verstehen, ihre Verhaltensmuster, Gefühle, Wünsche und Entschlüsse – bei Löwen fällt uns das alles andere als leicht. Die Frage ist, ob das auch für die unzähligen skurrilen Lebewesen und Roboter aus «Star Wars» gilt.

Beim Betrachten der «Star Wars»-Filme fällt schnell auf, dass die meisten Akteure eine gemeinsame Sprache sprechen, die in der englischen Version mit Englisch und in der deutschen Version mit Deutsch wiedergegeben wird. Bei dieser Sprache handelt es sich um «Galaktisches Basic». Sprachen wie das Basic dienen der Verständigung zwischen unterschiedlichen Sprachgemeinschaften. Neben dem «Basic» dienen auch «Huttisch», die Sprache des schwabbeligen Jabba, und «Bocce», eine Handelssprache, als Mittel der Verständigung. Das Basic kennt unterschiedliche Dialekte, und nicht jeder beherrscht die Sprache gleich gut. Der Jedi-Meister Yoda pflegt bekanntlich eine sehr eigenwillige Grammatik («Viel zu lernen du noch hast»). Und nicht alle Wesen sprechen Basic. So versteht der Astromechdroide R2-D2, ein Mechanikerroboter, zwar Basic, kann jedoch nur Pfeiftöne von sich geben. Auch die haarigen Wookies, wie etwa Chewbacca, verstehen Basic, sind aber nicht in der Lage, es zu sprechen. Ihre Sprache besteht aus Brülllauten und nennt sich «Shyriiwook». Manche Nicht-Wookies können diese Brülllaute verstehen – was für den Zuschauer oft verblüffend wirkt: Etwa dann, wenn Chewbacca im Cockpit vor sich hin brüllt und sein Freund Han Solo antwortet: «Nein, ich glaub auch nicht, dass das Imperium diese Mühle für Wookies konstruiert hat, Chewie.» Man fragt sich: Wie zum Teufel konnte Chewbacca mit seinen unartikulierten Brüllgeräuschen einen derart komplexen Inhalt kommunizieren? Ich nehme an, die Antwort lautet: Wir Zuschauer, die des Shyriiwook nicht mächtig sind, hören die Feinheiten einfach nicht. Doch lassen wir diese Problematik für den Moment beiseite und kommen zur zentralen «Star Wars»-Figur, wenn es um Sprache und Verstehen geht. Gemeint ist der Protokolldroide C-3PO.

Der freundliche und etwas tollpatschige Übersetzungsroboter, ein sogenannter «Roboter-Mensch-Kontakter», beherrscht über sechs Millionen Sprachen und kann mit allen erdenklichen Kreaturen kommunizieren und ihre Laute in beliebige Sprachen übersetzen. C-3PO ist ein übermenschlicher Dolmetscher, ein Hermes ohne Flügelschuhe, dafür mit schnellem Prozessor und viel Speicherplatz. Doch wie schafft er es eigentlich, all diese fremden Sprachen zu übersetzen?

Zunächst könnte man meinen, der Übersetzungsroboter habe leichtes Spiel, denn er brauche ja bloß die Bedeutungen der einzelnen Wörter und die grammatischen Regeln der jeweiligen Sprachen zu kennen. Der Rest sei Rechnen. Selbst mehrdeutige Ausdrücke wie «Bank» (Geldinstitut oder Sitzgelegenheit) kann er nämlich ohne Schwierigkeiten richtig interpretieren, wenn er den Kontext der Äußerung kennt. Er weiß also in der Regel, was gesagt wird. Schwieriger ist es jedoch zu eruieren, was mit dem Gesagten ausgedrückt werden soll. Sprachliche Phänomene wie Metaphern, Anspielungen, Redewendungen oder Ironie zeigen, dass wir nicht immer meinen, was wir sagen. Bei Sätzen wie «Du bist mir ein feiner Freund» meinen wir gar das Gegenteil des Gesagten. Oft aber wollen wir mehr oder etwas anderes ausdrücken, als wir sagen. So können wir etwa mit dem Satz «Es ist ziemlich heiß hier drin» zu verstehen geben, jemand solle doch bitte das Fenster öffnen. Auf diese pragmatische Dimension der Sprache haben John Langshaw Austin und John Searle mit ihrer Theorie der Sprechakte hingewiesen.

Manchmal braucht es jedoch noch nicht einmal Sprache, um zu kommunizieren, sondern es reicht, das Gegenüber nur anzuschauen, zu nicken, die Augenbrauen zu heben oder wegzuschauen. Wir kommunizieren andauernd mit Feinheiten der Mimik und Gestik, ob wir wollen oder nicht. Sprache und Verstehen hören also nicht da auf, wo keine Worte mehr sind. Im Gegenteil: Das Wichtigste wird oft nicht gesagt, sondern auf subtile Weise ohne Worte zu verstehen gegeben. Oder es erschließt sich aus dem Kontext. Wenn mir jemand sagt, die nächste Tankstelle befinde sich gleich um die Ecke, dann gehe ich davon aus, die Tankstelle sei in Betrieb. Ansonsten wäre die Information nutzlos für mich, der ich eine Tankstelle suche. Der Sprachphilosoph Paul Grice meint, wir würden einer Sprecherin jeweils unterstellen, dass sie an einer gelingenden Kommunikation interessiert ist und ihre Aussagen aufrichtig, informativ, relevant und möglichst klar formuliert sind. Wenn die Sprecherin wüsste, dass die Tankstelle nicht in Betrieb ist, müsste sie das erwähnen, denn sie weiß, dass ich eine Tankstelle suche, um zu tanken.

Meist ist uns im Alltag nicht bewusst, wie groß unsere Interpretationsleistung ist, wenn wir anderen zuhören und ihren Lauten Sinn abgewinnen. Um das zu verdeutlichen, stellte der amerikanische Philosoph Willard Van Orman Quine ein Gedankenexperiment an: Stellen Sie sich vor, Sie treffen mitten im Urwald auf einen unbekannten Volksstamm, dessen Sprache Sie verstehen und erforschen möchten. Sie hören Laute wie «kabauk», «teenog saag» oder «lendron menai» und verstehen zunächst nur Bahnhof. Dann aber ereignet sich eine interessante Situation: Ein Kaninchen hoppelt vorbei, ein Mann steht auf, zeigt auf das Kaninchen und ruft: «Gavagai!» Sie zücken Ihr Notizbuch und schreiben: «gavagai = Kaninchen». Aber warum sind Sie da so sicher? Könnte der Ausdruck «gavagai» nicht auch «Unser Abendessen!», «Auf zur Jagd!» oder «Heute gibt's ein Gewitter» meinen?

Quine möchte mit dem geschilderten Szenario zeigen, dass jede Übersetzung unsicher ist und dass es prinzipiell immer mehrere Möglichkeiten gibt, eine fremde Sprache zu übersetzen. Was «gavagai» bedeutet, bleibt bis zum Schluss unklar. Letztlich müssen Sie sich aber für eine bestimmte Hypothese entscheiden. Quine empfiehlt Ihnen, Sie sollen die Äußerungen im Zweifelsfall möglichst wohlwollend interpretieren und die Eingeborenen nicht doof dastehen lassen. Sie sollten «gavagai» also nicht mit «Da ist ein Tiger» übersetzen, denn diese Aussage wäre komplett falsch, und der Eingeborene, der den Satz äußerte, wäre ein ziemlich schlechter Beobachter. Das Prinzip des Wohlwollens besagt, Sie sollten bei der Interpretation davon ausgehen, dass Ihr Gegenüber rational ist und ungefähr so tickt wie Sie. Etwas anderes bleibt Ihnen letztlich nicht übrig. «Wenn wir andere verstehen wollen, müssen wir ihnen in den meisten Dingen recht geben, ob wir das mögen oder nicht», schreibt der Philosoph Donald Davidson, ein Schüler von Quine.

Wenn wir mit unverständlichen Lauten konfrontiert sind, müssen wir uns fragen, was der andere wohl damit meint, das heißt, wir müssen dem Gegenüber Meinungen, Gefühle und Wünsche zuschreiben, die zu seinem Verhalten passen. Das können wir jedoch nur, wenn uns das Verhalten in bestimmten Hinsichten vertraut ist und wir in den fremden Verhaltensweisen menschliche Züge wiederfinden. Wenn diese Muster fehlen, sind wir hilflos. Wenn ein Hund mit dem Schwanz wedelt, so können wir das Wedeln deuten, weil wir darin ein menschliches Muster erkennen, nämlich Freude. Angenommen aber, ein Hund würde nur jedes zweite Mal, wenn sein Herrchen kommt, mit dem Schwanz wedeln. Was würde das Wedeln bedeuten?

Wittgenstein weist auf eine wichtige Tatsache des Verstehens hin, wenn er schreibt: «Die gemeinsame menschliche Handlungsweise ist das Bezugssystem, mittels dessen wir uns eine fremde Sprache deuten.» Wir können nicht hinter unsere menschliche Lebensform zurück, wenn wir andere Wesen verstehen möchten. Verstehen heißt, das Eigene im Fremden zu sehen. Und je weniger Eigenes wir im Fremden zu sehen vermögen, desto schwieriger wird das Verstehen.

Warum also verstehen sich die verschiedenen Wesen aus «Star Wars» beinahe problemlos? Die Antwort ist verblüffend leicht: Weil sie gar nicht so verschieden sind. Die Wesen sehen zwar alle sehr seltsam und sehr unterschiedlich aus, verhalten sich jedoch alle sehr menschlich. Und das liegt daran, dass die Filme und Geschichten für uns Zuschauer verständlich und ansprechend sein sollen. Das heißt, wir müssen mit den Figuren mitgehen und mitfühlen können. Manchmal reicht dazu nur eine kleine Geste oder die entsprechende Mimik. Der Roboter R2-D2 etwa kann, obwohl er nicht sehr menschlich aussieht, sich sichtbar freuen oder schämen. Was uns beim Löwen also nicht gelingt, das geschieht bei den Figuren von «Star Wars» ohne Anstrengung. Mit Wittgensteins Worten: «Wir können uns in sie finden.»

Pierre Cassou-Noguès

Der Roboter als Komiker

Aus dem Französischen von Julia Clauß

Ganz sicher handelt es sich hier um eine Form von Freud'scher Deckerinnerung, also um die Erinnerung an ein relativ unwichtiges Kindheitserlebnis, das an ein früheres und bedeutsameres Erlebnis erinnert, dieses aber zugleich kaschiert. Ich sehe bisweilen noch den Kinosaal vor mir mit seiner alten Theaterbühne, den roten Sesseln und dem ebenfalls roten Vorhang, der sich mit einem metallischen Schleifgeräusch öffnete (ganz ähnlich übrigens dem Geräusch, das R2-D2 macht, wenn er sich fortbewegt). Es muss bei einem Kindergeburtstag gewesen sein. Die Eltern luden uns ins Kino ein und spendierten uns ein Eis. Wir waren sieben oder acht Kinder. Gezeigt wurde der «Krieg der Sterne», der damals noch ganz ohne Zusatztitel und Episodennummer lief.

Monatelang schlugen wir uns anschließend darum, wer Luke Skywalker spielen durfte. Einer von uns, der die Klasse wiederholt hatte und deshalb etwas älter war, erklärte sich bereit, den Part von Han Solo zu übernehmen, der im Film von Harrison Ford gespielt wird und eigentlich eine ganz ansehnliche Figur ist. Ein anderer wurde gezwungen, den Kopiloten darzustellen, das große Haarmonster Chewbacca. Außerdem brauchte man noch einige Klonkrieger. An die Roboter dachten wir nicht einmal. Ich glaube aber, dass ich schon damals die unangenehme Wahrheit geahnt habe: dass ich nämlich überhaupt keine Ähnlichkeit mit Luke Skywalker habe. Tatsächlich ließen mich seine Heldentaten als Pilot, sein geschickter Umgang mit dem Lichtschwert und auch seine Beherrschung der «Force» relativ kalt. Es gab nur eine Figur, mit der ich mich wider Willen identifizieren konnte, die mir auf der großen Leinwand etwas ziemlich Unangenehmes und zugleich Beruhigendes zeigte. Es handelte sich um den hasenfüßigen und larmoyanten Roboter C-3PO, eine vergoldete, ungelenke Gliederpuppe, die in ständiger Furcht vor dem Tod lebt, den sie sich in jeder Szene als grausames und schmerzvolles Ableben ausmalt.

Der Film erzählt eigentlich die Geschichte Luke Skywalkers, eines einsamen, heroischen Individuums, dessen Mission vom Schicksal vorherbestimmt ist. Zugleich singt er ein Loblied auf die Menschheit, die aus Individuen und starken Persönlichkeiten wie Luke Skywalker besteht, im Unterschied zu den Klonen des Imperiums, die nur Ameisen sind. Die Unterwerfung unter die dunkle Seite der «Force» hat sie vollkommen gleichförmig gemacht.

Tatsächlich beginnt der Film, nach einer kurzen Kampfszene, aber eigentlich erst mit den Abenteuern der zwei Roboter R2-D2 und C-3PO. Sie reisen durch den Weltraum, verirren sich in der Wüste, trennen sich, werden von seltsamen Wesen, deren Gesichter von großen braunen Kapuzen verhüllt sind, gefangen genommen, finden sich schließlich wieder und treffen endlich auf Luke Skywalker.

R2-D2 ist maulfaul, aber sehr entschieden. Er ist klein und untersetzt, seine Arme kleben relativ unbeweglich am Körper. Er ist verschlossen und scheint ganz auf seine Mission konzentriert. Wenn er das Wort ergreift, dann ausschließlich in Maschinensprache, die aus metallischen Pfeiflauten besteht und die C-3PO für uns in menschliche Sprache übersetzt. C-3PO wird dagegen von krankhaften Ängsten geplagt, denen er permanent Ausdruck verleiht, vermutlich um ihrer Herr zu werden: «Wir sind dem Untergang geweiht!», «Wir sind verloren!», «Das ist mein Ende!», «Wir sind eben zum Leiden geschaffen!»

Ich habe den Film noch einmal angeschaut. Und dabei entdeckte ich im Bild dieses hüftsteifen Roboters, der von einer Anhöhe aus auf die vollkommen leere Wüste schaut und ausruft: «Wie trostlos hier!», etwas sehr Ergreifendes. Warum tauchen diese Roboter aber zu Beginn des Films auf? Was sollen diese Maschinen in der Wüste? Uns zum Lachen bringen? Uns Angst machen? Uns zeigen, wie fremd und unwirtlich diese Planeten am Ende weit, weit entfernter Galaxien sind?

Die beiden Roboter erinnern natürlich an andere komische Paare: an Schulze und Schultze aus «Tim und Struppi», die dort nur eine Nebenrolle spielen, ganz wie R2-D2 und 3-CPO, die in den späteren «Star Wars»-Filmen nur am Rande auftauchen und hauptsächlich einen Kontrast zu den Großtaten der menschlichen Helden Luke Skywalker und Han Solo bilden. Sie erinnern auch an Dick und Doof, der eine dick und eigensinnig, der andere dünn und ängstlich.

Sind die zwei Roboter komisch? Ja, zweifellos. Man lacht vielleicht nicht Tränen wie über die Missgeschicke von Dick und Doof, lächeln tut man aber ganz bestimmt.

In seinem Essay «Das Lachen» erklärt Henri Bergson, dass nur das Menschliche uns zum Lachen bringen könne. Über einen Gegenstand kann man nur lachen, wenn er in irgendeiner Weise auf den Menschen verweist, etwa weil er einen Menschen umhüllt, von einem Menschen hergestellt wurde oder aufgrund des Gebrauchs, den der Mensch von ihm gemacht hat, wie ein Kleidungsstück, das vom Menschen getragen wurde. Die Maschine hat in dieser Analyse des Komischen einen Sonderstatus. Für Bergson hat das Lachen immer denselben Ursprung. Man lacht über ein Mechanisches, das mit dem Lebendigen verbunden ist. Man lacht, wenn das Beweglich-Lebendige mit seiner Geschmeidigkeit in einem blinden und repetitiven mechanischen Gefüge gefangen ist. Man lacht über den zerstreuten Spaziergänger, der in eine Grube fällt, weil er in die Wolken geschaut hat. Steht er wieder auf, geht in falscher Richtung weiter und fällt abermals in die Grube, müssen wir umso stärker lachen. Unsere Schadenfreude ist eine Form der Bestrafung. Wir amüsieren uns über jemanden, der sich den Umständen nicht anzupassen weiß. Weil er sich nicht anpassen kann, wird er für einen Augenblick zu einer Art Maschine. Nicht die Maschine selbst bringt uns dabei zum Lachen, sondern der Mensch, der die Starrheit der Maschine annimmt, oder eine Maschine, die sich wie ein steifer, starrköpfiger Mensch gebärdet.

Die Nähe von maschinenhaft starren Menschen und menschenähnlicher Maschine, diese Verschwisterung von Mensch und Maschine findet sich nicht nur bei den Robotern aus «Star Wars», sondern auch in Woody Allens Film «Der Schläfer». Die Handlung ist bekannt: Miles Monroe, ein New Yorker der siebziger Jahre, gespielt von Woody Allen selbst, wird nach einer misslungenen Operation in ein künstliches Koma versetzt. Nach zweihundert Jahren wird er in der Zukunft von einer Gruppe revolutionärer Wissenschaftler geweckt, die gegen die mittlerweile herrschende Diktatur kämpft. Miles, der sich nicht zum Helden berufen sieht, flieht und tarnt sich als einer der Roboter, die inzwischen den Menschen als Diener zur Verfügung stehen. Er ist weiß geschminkt und trägt eine Art Sieb auf dem Kopf. Für den Zuschauer ist er sofort als Mensch zu erkennen. Dabei setzt er alles daran, die stockenden Gesten und stotternden Bewegungen eines Roboters zu imitieren, scheitert aber auf ganzer Linie. Ständig verheddert er sich und gerät mit den Gerätschaften in der Küche aneinander, wo sich schnell Feuer ausbreitet. In seiner Verkleidung als Roboter ist Woody Allen eine genaue Verkörperung der «mechanischen Kruste über dem menschlichen Leben» aus der Humortheorie Bergsons. Seine Gestik, seine Stimme, selbst seine Ängste ähneln denen von C-3PO. Die Ähnlichkeit ist so groß, dass man glauben könnte, der von Woody Allen imitierte Roboter sei eine bewusste Parodie auf C-3PO. Tatsächlich ist «Der Schläfer» aber mehrere Jahre vor dem ersten Teil der «Star Wars»-Serie erschienen. Die Beziehung zwischen beiden Filmen ist also vielmehr umgekehrt zu denken: Der Mensch-Roboter aus «Der Schläfer» wird in «Star Wars» zu einem Roboter-Mensch, einem Roboter, der einem Mensch-Roboter ähnelt.

R2-D2 und C-3PO haben zweifellos etwas Menschliches an sich. In ihren Streitereien und in der Art, in der sich ihre Ticks und Neurosen ergänzen, erinnern sie an ein altes Ehepaar: hier die Entschlossenheit R2-D2s, dort die Ängste C-3POs, hier R2-D2s technische Begabung, dort C-3POs Ungeschicklichkeit, hier R2-D2s Schweigen, dort C-3POs Geschwätz. Es fällt allerdings schwer, das Alter der beiden Roboter zu bestimmen oder ihnen innerhalb des Paares eindeutige Geschlechterrollen zuzuweisen. C-3PO erinnert in vielem an eine alte Dame; gleichzeitig ähnelt er aber dem Roboter, den der noch junge Woody Allen verkörpert. C-3PO ist weder Mann noch Frau, weder jung noch alt. Ganz sicher ist nur, dass er ein Roboter ist. Ein Roboter allerdings, der ein so menschliches Verhalten an den Tag legt, dass es scheint, als sei seine mechanische Starrheit nur ein Zufall. Das entspricht der zweiten Ebene des Komischen bei Bergson.

Was C-3PO und den von Woody Allen verkörperten Roboter-Menschen verbindet, sind jedoch nicht bloß Starrheit und Ungeschicklichkeit. Die Ähnlichkeit rührt vor allem von den geteilten Phobien und den immer wiederkehrenden Ängsten vor einer wachsenden Zahl von Objekten und Situationen her, die schließlich in eine Angst münden, die keinen klaren Gegenstand mehr hat, in eine Form von Angstneurose. C-3PO kann kein Raumschiff betreten, ohne beim Abflug mit zitternder Stimme zu erklären, wie sehr er die Raumfahrerei hasst. Ganz ähnlich die von Woody Allen gespielten Personen, die sich vor Kellern, Fahrstühlen und anderen dunklen, abgeschlossenen Räumen fürchten. C-3PO ist vom Tod besessen und von der Furcht getrieben, dass seine Schaltkreise durchbrennen könnten, ähnlich wie die von Woody Allen gespielten Hypochonder, die sich vor unzähligen Krankheiten fürchten. C-3PO ist ein ebenso ängstlicher wie komischer Roboter, dessen Komik oft gerade aus seiner Angst entsteht. Deshalb wird er zu Beginn des Films in die Wüste geschickt. Dort gibt es nichts, wovor er sich fürchten könnte: kein Raumschiff und also keine unangenehme Fliegerei, keine schießenden Klonkrieger und niemanden, der ihn bedrohen oder bestrafen könnte. Und trotzdem bleibt die Angst. Sie ist nur noch leere Angst, die sich allenfalls auf die fremdartige Umgebung richten kann.

Die Angst C-3POs entspricht allerdings nicht der großen Angst der Philosophen wie etwa der Angst bei Heidegger, der sie zur Grundbefindlichkeit des Menschen gegenüber dem Sein erklärt. Wie sollte diese hehre Form der Angst C-3PO überhaupt zugänglich sein? Er ist schließlich Roboter, noch dazu ein komischer. Seine Angst ist ebenso kläglich wie unsere menschliche. Sie entspringt keinem Moment des Erhabenen, der uns irgendeine Erkenntnis liefern könnte. Sie ist polyvalent und kann sich auf eine Vielzahl ständig wechselnder Objekte richten, sie ist repetitiv und damit tatsächlich komisch. Und sie spendet Trost, denn sie weiß, dass sie eine komische Seite hat.

C-3PO (am Rand des Abgrunds, kurz vor dem Sprung, um das Raumschiff zu erreichen): «Ach! Wir sind zum Leiden geschaffen ...»

R2-D2: «Bip, bip ...»

C-3PO: «Sag nicht immer ‹du wirrköpfiger Philosoph› zu mir.»

«Don't call me a mindless philosopher!», heißt es im Original. Das lässt sich nicht so leicht übersetzen. «Mindless» kann ohne Verstand, aber auch ohne Seele bedeuten – C-3PO ist schließlich ein Roboter, und Roboter sind bloße Maschinen, die nicht denken. Einen Philosophen nennt R2-D2 ihn wegen der großen Worte zum menschlichen Leiden. C-3PO glaubt allerdings selbst kaum an diese Worte. Er spricht sie nur aus, um sie loszuwerden und ins Absurde zu ziehen, vielleicht auch um darüber zu lachen oder uns zum Lachen zu bringen und so die Angst, die sie einflößen, zu bannen. Zum Philosophen macht ihn genau diese Ironie, mit der er den kontingenten und gewissermaßen konditionierten Charakter unserer Überzeugungen und Ängste aufdeckt. C-3PO verfügt in dieser Situation über keine andere Waffe, um die Angst zu bekämpfen als die Ironie. Er ließe sich damit tatsächlich als Philosoph ohne Seele oder ohne Verstand bezeichnen, also ohne jede innere Ressource oder eigenen Willen, aus denen er schöpfen könnte. Die Angst wird folglich immer gegenwärtig sein. Sie kann zwar ins Lächerliche gezogen und neutralisiert und damit womöglich auf Abstand gebracht werden, auslöschen lässt sie sich jedoch nie. Denn es fehlt an einem inneren Bereich, zu dem die Angst keinen Zugang hätte: C-3PO hat keine Seele. Dass die Angst deshalb nie verschwinden wird, will C-3PO, der Roboter-Philosoph und Philosoph-Roboter, natürlich nicht hören. Aber wer wollte das schon? Ich, der ich ja eigentlich Luke Skywalker sein will, jedenfalls nicht.

Im Grunde will der Film zeigen, wie der einsame Held, ein Idealbild des Menschen, gegen die Klonkrieger des Imperiums aufbegehrt. Dieses Idealbild vermag es jedoch nicht, unsere Ängste zu bannen. Dafür bedarf es einer eigenen Kreatur. Weil die Ängste nicht Bestandteil des Helden sein können, müssen sie abgespalten und in einen Roboter verlagert werden. Das ist es, was den Roboter so komisch und menschlich, allzu menschlich macht.

Demokratie, Klassenkampf, Kapitalismus – Politik und Ökonomie in Republik und Imperium

Jörn Ahrens

Die Unmöglichkeit des Politischen. «Star Wars» und die Politik des Heros

Episode IV bis VI: Anti-Politik

Bekanntlich verwendet gleich der erste «Star Wars»-Film aus dem Jahr 1977 das bekannte Schema der von Joseph Campbell entworfenen Heldenreise um die Entdeckung und die «Heraufkunft» des Heros. Das ist vor allem die individuelle Geschichte des Luke Skywalker, der vom kleinen Waisenjungen auf einem abgelegenen Wüstenplaneten zum großen Jedi-Ritter, ja zum Retter des Universums aufsteigt. Diese Rolle wird in den später produzierten Episoden I bis III sogar noch gesteigert, indem immer wieder betont wird, dass es sich bei Luke Skywalker um einen «Messias» handelt, also nicht nur um einen Retter, sondern um einen Erlöser von kosmischen Ausmaßen.

Natürlich taucht in diesen Episoden der zu diesem Zeitpunkt noch gar nicht geborene Luke selbst nicht auf. Da aber sein Vater Anakin – von dem jeder, der die Filme kennt, weiß, dass er einmal zum gefürchteten Sith-Lord Darth Vader mutieren wird –, von Beginn an von der Gemeinschaft der Jedi-Ritter als der kommende Erlöser identifiziert wird, ist es nicht besonders schwer, die Botschaft des Films zu entziffern. Die lautet, dass Anakin Skywalker noch nicht die Personifikation des erhofften Messias ist, sondern dass diese Rolle einzig und allein seinem Sohn Luke zugedacht ist. Dass Anakin im Sinne der Heldenreise auf gar keinen Fall der wahre Heros sein kann, wird in Episode I überdeutlich. Denn der junge Mann, der zum Helden werden will, braucht dafür Unbedarftheit und Unschuld; seine Initiation muss von einem Status der Reinheit ausgehen. Deshalb muss der Held am Anfang seiner Reise auch von einer gewissen Naivität geprägt sein und von einer Menschlichkeit, die er nie ganz verliert. Auf den Wüstenjungen Luke Skywalker in Episode IV trifft dies zu. Im Unterschied zu ihm wirkt sein Vater Anakin von Beginn an ausgesprochen «fertig». So klug, gewandt, willensstark und zielorientiert, wie er ist, muss und will Anakin Skywalker keine Heldenreise mehr antreten, sondern schlägt, getragen von großen Ambitionen, eine Karriere ein. Und wie jeder Karrierist dient er sich letztlich demjenigen an, der ihm das beste Angebot macht. Dass dabei vermeintlich auch die Liebe zu seiner Frau eine Rolle spielt, die er vor dem selbstorakelten Tod retten will, bleibt relativ zweitrangig.

Eine Heldenreise, wie die von Luke Skywalker, braucht einen größeren Plot. Ein Held kann man nicht ohne einen Kontext sein, der einen zum Helden macht. Ein Held wird man, indem man sich gegen Widerstände bewährt und sich Herausforderungen stellt, die unmöglich zu bewältigen erscheinen. Ein Held braucht immer einen oder mehrere eindeutige «Antipoden», die sich entweder ergänzen oder aufeinander folgen – nur ohne Gegner darf er nie sein. Dass der Antagonist von Luke Skywalker Darth Vader ist, ist bekannt. Aber als solcher steht er nie für sich allein. Der Held wird ja nicht nur zum Helden, weil er sich selbst überwindet und einen Gegner schlägt. Er ist vor allem auch deshalb singulär, weil sein Antagonist für etwas einsteht, das größer ist als er selbst. Die Überwindung des Gegners durch den Helden bedeutet deshalb auch immer die Überwindung einer viel allgemeineren Bedrohung.

Deshalb greift die «Star Wars»-Serie auch von Beginn an auf eine solche größere Konstellation zurück. Noch bevor der kommende Held, Luke Skywalker, das erste Mal ins Bild kommt, wird das Ausmaß der Konfliktkonstellation deutlich gemacht: Die Geschichte spielt in einem Szenario aus Widerstand, imperialer Herrschaft, Skrupellosigkeit und dem verzweifelten, scheinbar aussichtslosen Kampf gegen Unterdrückung. Die Filmserie bezieht sich darauf immer wieder, um stringent und glaubhaft zu bleiben. Die Wahl des Szenarios erfolgt aber in der bekannten Form keineswegs notwendigerweise. Sie basiert vielmehr auf einer Entscheidung, stellt eine Wahl unter einer Vielzahl anderer Optionen dar. Statt Darth Vader hätte sich Luke Skywalker schließlich auch seine Familie bedrohenden Monstern entgegenstellen können; er hätte gegen inhumane Weltraumfinsterlinge kämpfen können, wie sie in Nebensträngen immer wieder anzitiert werden, oder aber er hätte, positiv gewendet, eine Aufgabe meistern können, eine Schatzsuche etwa. Aber all das geschieht nicht, weil es den Helden der Geschichte nicht groß genug erscheinen lassen würde. Es muss schon alles her, das ganze Universum muss gerettet werden, und zwar nicht einfach vor bloßer Naturgewalt oder boshafter Habgier. Nein, es geht von Anfang an um nichts weniger als die Niederwerfung eines bösen Herrschers, der über ganze Galaxien und Sonnensysteme – also faktisch über alles – herrscht.

Die Konfrontation zwischen Gut und Böse wird deshalb allein schon räumlich extrem ausgedehnt. Dass der Widersacher außerdem noch der Vater des Helden ist, spielt nur nebenbei auf das Freud'sche Thema des Mythos von Ödipus an – bei dem der Vatermord langfristig gesehen ja auch fatal misslingt. Diese Konstellation muss vielmehr als mythologisch inspiriert betrachtet werden. Vater und Sohn kämpfen miteinander als Göttergestalten, so wie Kronos und Zeus. Wobei Luke Skywalker natürlich mit dem ungeschlachten, lüsternen Zeus keinerlei Ähnlichkeit hat. Ein Zeus im Format FSK 6 ist schwer vorstellbar.

Die Konfrontation von Vater und Sohn ist auch deshalb wichtig, weil sie den vordergründig relevanten Widerstandskampf unterläuft, sie stellt sie geradezu auf den Kopf. Das ganze Widerstandsszenario schließt ja an unheimlich viele revolutionäre Erzählungen an, die den Sturz des Tyrannen oder die Befreiung des Volkes zum Thema haben. 1977, als der erste «Star Wars»-Film in die Kinos kam, hätte der Film an historische Ereignisse anknüpfen können, die von den großen Revolutionen (Frankreich, USA, Russland) über revolutionäre Situationen in Spanien, Chile, bis zu den antikolonialen Befreiungskämpfen der Zeit reichten. Schon die Fokussierung auf die personalisierte Konfrontation von Vater und Sohn aber unterläuft dieses Motiv, und die Widerstandschiffren der Rebellen (in den Episoden IV bis VI) oder der Republik (Episoden I bis III) treten in den Hintergrund. Und obwohl die Konstellation des Handlungsrahmens in «Star Wars» von Beginn an originär politisch erscheint, so hat es doch den Anschein, als sei Politik in «Star Wars» seltsam abwesend.

Das ist in den drei zuerst produzierten Episoden IV bis VI auch wenig erstaunlich und unmittelbar einleuchtend. Denn die Formulierung «A long time ago in a galaxy far, far away» ruft statt eines Gegenwartsbezugs die Bezugsgröße des Märchens auf. Dazu passt die gesamte Anlage des Settings, trotz des genregerechten, hochmodernen Raumfahrtdekors. Die Anführerin der Rebellen ist eine Prinzessin, der Erzschurke ist ein Lord, die Helden zücken Schwerter – die sie allerdings schneller schwingen können, als automatische Maschinenpistolen ihre Munition ausspucken. Die Ebene der Politik wird in diesen zuerst produzierten Filmen also umgangen, indem das Genre des Science-Fiction für eine konsequente Entkernung der naturgemäß politisch gefärbten Widerstandsparabel genutzt wird. Vor dem Hintergrund des extrem politisierten Zeitgeistes der 1970er Jahre lassen sich diese Produktionen daher nur als Reminiszenzen auf eine Sehnsucht nach der Abwesenheit von Politik lesen.

«Star Wars» im Zyklus von Episode IV bis VI ist ein großes Plädoyer für Antipolitik. Die Politik selbst ist darin so unbedeutend, dass sie nicht einmal einer abwertenden Erwähnung bedarf. Politik gehört schlicht nicht zur Existenz der Subjekte im märchenhaften Universum. Der Kampf des Guten gegen das Böse gehört sehr wohl dazu, aber auf einer strikt ontologischen Ebene. Deutlich wird daran, dass die bloße Dichotomie «Gut versus Böse» an sich noch nichts Politisches hat – trotz aller Analogien, die immer wieder zwischen dem Imperium und Formen totalitärer Herrschaft gesucht werden, speziell Analogien zum Nationalsozialismus, wie die schwarzen Uniformen der Offiziere des auch noch «Sturmtruppen» genannten imperialen Militärs. «Star Wars» mag sich reichlich bei Merkmalen des Politischen bedienen und seine dichotomische Kosmologie mit den zugehörigen Chiffren und Codes ausstatten, es bleibt aber beim reinen Zitat. Dementsprechend schafft es «Star Wars» über drei Filme hinweg, nicht preiszugeben, wofür genau die Rebellen stehen. Das ist nur konsequent, denn ein Märchen verträgt gerade keine Politik. Wer böse ist, ist dies aus sich selbst heraus. Das Böse kann aus einer Laune heraus ganze Planeten zerstören. Aber würde es sich erst politisieren und sich ein Programm geben, dann müsste gegen das Politische auch noch politisch vorgegangen werden. Das verträgt das Märchen aber nicht, denn sein Kosmos ist nicht argumentativ aufgebaut, sondern aktionistisch. Es fußt auf ungebrochenen Persönlichkeiten, die in ihrer eindeutigen Charakterzeichnung

für jeweils eine Seite der Macht stehen und sich immer schon entschieden haben. Man kann in «Star Wars» also nur eines sein: gut
oder böse. Eine antagonistische Situation des Politischen, in der
überhaupt erst ausgehandelt werden müsste, was genau gut oder
böse ist, ob das Gute wirklich gut oder vielleicht bloß ideologisch
«gelabelt» ist, gibt es hier nicht. Das Politische als Marktplatz der
Positionen, als immanentes Konfliktfeld, in dem Argumente
ausgetragen und Ambivalenzen ausgehalten werden, kommt in
«Star Wars» nicht vor.

Mit Ambivalenz und Differenz ausgestattet sind höchstens
solche Charaktere, die sich gar nicht erst positionieren wollen,
denen nicht nur das Politische fremd ist, sondern auch der Ges-
tus des Helden. Han Solo etwa, der das Antigemeinschaftliche
schon im Namen trägt. Aber auch er ist im Grunde auf das Gute
festgelegt – er will es bloß selbst nicht wahrhaben.

Die Möglichkeit der Politik würde in «Star Wars» das dicho-
tome Weltbild zerstören, das sich an messianisch manichäi-
sche Vorbilder zwar anlehnt, aber faktisch in der Gegenüberstellung von Gut und Böse steckenbleibt. In der Antipolitik, wie sie
in «Star Wars» inszeniert wird, gibt es zwar Versprechen auf eine
bessere Zukunft, diese sind aber abgekoppelt von jedem politischen Gehalt. Freiheit wird zur leeren Chiffre. Weitere politisch
grundlegende Ideen der Moderne, die an die Widerstands- und
Befreiungserzählungen gemeinhin anknüpfen – wie etwa Emanzipation, Gleichheit, Umverteilung –, kommen gar nicht vor.
Eigentlich politische Inhalte wie die Möglichkeit gesellschaftlicher Befreiung verdichten sich in der Figur des einen Heros. Sie
werden aber dem Politischen enteignet und einer religiös unter-
legten Erlösungspraxis zugeordnet. Gerade weil ein Szenario wie
«Star Wars» es entwirft so sehr vom Manichäismus zehrt und zeh-
ren will, muss es antipolitisch sein. Das Politische ist nämlich

per definitionem plural, also als Vielfältiges angelegt und zeichnet sich vor allem durch Uneindeutigkeit aus. Beides kann die Führerphantasie der manichäischen Erlösung aber nicht aushalten.

Wenn man bezüglich der zuerst produzierten «Star Wars»-Episoden IV bis VI überhaupt vom Politischen sprechen wollte, dann höchstens von Politik im Sinne der Antimoderne, wahlverwandt mit den Ideologemen des 20. Jahrhunderts. Diese Verwandtschaft betrifft die auf Führeridentitäten hin ausgerichteten politischen Religionen. Diese Charakteristik wäre aber kein Privileg des Imperiums, sondern träfe ganz genauso auf den Kult um die Jedi-Ritter zu. Ob nun ethisch-moralisch als gut etikettiert oder nicht, stünden sie doch ganz genauso für eine Ablehnung, ja für die Unmöglichkeit des Politischen im «Star Wars»-Universum. «Star Wars» ist antipolitisch, weil es Politik nicht einmal als denkbare Möglichkeit erscheinen lässt. In der Antipolitik wird eine Welt kreiert, die ganz ohne Politik auskommt und sogar eine Ablehnung Politik gegenüber zum Ausdruck bringt. Eben weil sie lieber dem beherzten Helden vertraut als den auf Ambivalenz basierenden Strukturen der Willensfindung.

Episode I bis III: Counter-Politik

Dieser Zugriff auf Politik ändert sich mit den neueren Produktionen, dem Zyklus Episode I bis III. Hier werden die Ursprünge des in den ersten drei Filmen im Vordergrund stehenden Konflikts und insbesondere die Wandlung des Anakin Skywalker vom jungen, aufstrebenden Jedi-Ritter zum der «dunklen Seite der Macht» verschriebenen Darth Vader erzählt. Zwar ist es nicht so, dass Politik in diesen Filmen in irgendeiner Weise positiver dargestellt würde, als es bisher der Fall war, aber sie wird nun prominent thematisiert. Spielte Politik im «Star Wars»-Universum bis dahin überhaupt keine Rolle, so wird sie jetzt zu einem wesentlichen Motiv.

Es bleibt weiterhin dabei, dass ein Heldenepos erzählt wird. Von daher ist ein emphatisches Verständnis von Politik auch in diesem Zyklus ausgeschlossen. Denn ein solcher Zugang zu Politik ließe dem Helden keinen Platz mehr: weil er politischen Prozessen und kommunikativer Interaktion mit anderen weichen müsste, weil der Eintritt in die gesellschaftliche Öffentlichkeit und das gemeinsame Handeln vieler bedeutsamer wäre als die individuelle, letzten Endes immer einsame Pose des Helden. Gerade deshalb ist es aber umso interessanter, welche Vorstellung von Politik in den drei Filmen zum Ausdruck kommt.

Das Szenario dieses Zyklus ist so angelegt, dass der maßgebliche Konflikt sich erst noch entwickeln wird. Die galaktische Republik ist intakt und noch nicht vom Sith-Lord Darth Sidious und der mit ihm paktierenden Handelsföderation unterwandert. Mit Blick auf das Politikverständnis ist dabei interessant, wie in den Filmen politische Strukturen angedeutet oder entworfen werden und wie über Politik geredet wird. Beides nimmt nämlich immer wieder ziemlich breiten Raum ein, ist beständig Thema in allen drei Produktionen.

Näher vorgestellt werden letztlich zwei politische Systeme: das Makrosystem der Republik insgesamt und die politische Ordnung, die sich der Planet Naboo gegeben hat. Beide Ordnungssysteme sind mit Blick auf ein modernes Politikverständnis extrem irritierend. In Episode I wird als Erstes der kleine Planet Naboo thematisiert, den die Handelsföderation aus nicht näher bekannten Gründen blockiert. Naboo wird wiederholt als Demokratie markiert. Im Kontrast zur angreifenden, autokratischen Handelsflotte und zur Herrschaft der dunklen Seite stellt die Demokratie, für die auch die Republik der Galaxien steht, das positiv besetzte

Gegenüber zur Diktatur der Sith-Lords dar. Aber diese Demokratie bleibt seltsam blass. Nirgends sind Parteien oder andere Institutionen zu sehen; auch die Ideen und Werte, für die sie positiv stehen soll, werden nicht näher erläutert.

Nun ist das im Spielfilm an sich nichts Ungewöhnliches. Auch Ideen, bei denen man sich darauf verlassen kann, dass sie bestimmte Assoziationen wecken oder mit anderen, stark besetzten Begriffen verbunden sind – in diesem Fall beispielsweise «Freiheit» oder «Gleichheit» –, können als berühmter «McGuffin» fungieren, also als bloße begriffliche Hülle, die nicht weiter zu klären ist und allein auf der abstrakt assoziativen Ebene funktioniert. Ähnliche Verfahren sind aus vielen Filmen bekannt, die politischen Widerstand thematisieren. Da gibt es immer einen bösen Antagonisten, der die schlechte Herrschaft repräsentiert, und es gibt die Helden des Guten, die in der Regel mit Konzepten von Freiheit und Befreiung assoziiert werden, ohne dass diese Konzepte jemals erläutert würden.

Im Fall von «Star Wars» aber verhält es sich etwas anders. Denn hier wird durchaus Bezug genommen auf konkrete Formen der Regierung; es werden politische Institutionen angedeutet und teilweise ikonographisch gezeichnet, immer wieder wird politisches Handeln kommentiert. Das dabei entstehende Bild ist deshalb so interessant, weil die Demokratie als positiver Gegenentwurf zur Herrschaft der Tyrannis reichlich befremdliche Züge erhält und die Politik, als diejenige Praxis, die die Verwirklichung demokratischer Herrschaft wäre, ziemlich schlecht wegkommt – sieht man einmal von der Ausnahme der integren Padmé ab, die die Mutter des Luke Skywalker werden wird.

Zu Beginn von Episode I wird Naboo von Padmé regiert, und zwar im Rahmen einer geradezu spektakulär außergewöhnlichen Konstruktion. Als Königin ist sie nämlich, das wird mit aller Emphase betont, vom Volk gewählt. Und tatsächlich begegnet Padmé in Episode II dem Filmpublikum auch nicht mehr als Königin, da ihre Amtszeit abgelaufen ist und sie ihrer ebenfalls demokratisch gewählten und legitimierten Nachfolgerin Platz gemacht hat. Stattdessen hat Padmé nun den Rang einer Senatorin inne und vertritt die Interessen ihres Planeten im Rat der Republik. Die naheliegende Frage ist daher, wieso das Amt der Staatschefin «Königin» heißt und nicht etwa «Präsidentin», was demokratischen Formen näher wäre. Das Dekor des Märchens, auf das der Film zurückgreift und in dem nun einmal die Königin und nicht etwa die Präsidentin eine als «gut» konnotierte Figur ist, kann der Grund nicht sein. Schließlich ist zugleich mit größter Selbstverständlichkeit von «Demokratie» die Rede, die im Märchen landläufig keinen Platz findet. Unterläuft dem Film hier also bloß ein begrifflicher Fehler, oder kann dahinter Absicht vermutet werden?

Natürlich ist «Star Wars» viel zu umsichtig durchkomponiert, als dass es sich um einen Fehler handeln könnte. Die hinter dieser Bezeichnung – und damit der Verschmelzung der gegensätzlichen Begriffe «Königin» und «Demokratie» – liegende Absicht liegt auf der Hand und unterstreicht inszenatorisch das für die «Star Wars»-Saga leitende Politikverständnis. Die gewählte Königin regiert nämlich exakt so, wie man es von einer «klassischen» Königin erwarten würde. Sie tut dies nicht wie eine Herrscherin, die selbstherrlich und egozentrisch einsame Entscheidungen fällt, sondern tritt als gute Königin auf, die weise Entscheidungen fällen kann, weil sie von weisen Beratern umgeben ist. Vor allem verhält sie sich ethisch korrekt, ist menschen- und speziesfreundlich. Trotzdem ist es am Ende sie allein, die die Entscheidungen fällt.

Die erste Einstellung, die sie zeigt, umgeben von ihren Beratern und Ministern, zeigt nicht etwa ein präsidiales Amtszimmer, sondern eindeutig einen Thronsaal. Da sitzt die Königin inmitten der anderen auf einem Thron, herausgehoben und herausgeputzt. Ein Parlament gibt es nicht auf Naboo. Die Staatsform korrespondiert vollkommen mit ihrer Regierungsform und basiert ganz offensichtlich auf dem größtmöglichen harmonischen Miteinander aller Bewohner. Was scheinbar gar nicht vorgesehen ist, ist ein institutionalisierter, also immanent möglicher, vielleicht sogar notwendiger Konflikt, der aus soziologischer Perspektive laut Georg Simmel die Grundlage gesellschaftlicher Dynamik und sozialen Handelns abgibt. Aber Konflikte sind innerhalb der Gesellschaft von Naboo nicht vorgesehen. In «Star Wars» wird die Königin zwar offenbar gewählt, es ist aber weder klar, durch wen, noch, wie sie gewählt wird. Geschweige denn, wie sie kontrolliert wird. Soweit der Film hier Einblicke erlaubt, scheint die einzige Kontrollinstanz die ihr eigene königliche Integrität zu sein. Das ist nun keineswegs eine Petitesse, bleibt doch in der Vermengung von Demokratie und Wahlkönigtum völlig offen, was die Grundlage der Legitimität dieser Herrschaft ist. Ganz im Sinne der Heldenerzählung ist diese Legitimität nämlich extrem personengebunden und leitet sich aus der Aura ihrer Subjekte ab. Oder aber, was soziologisch dem eher antiquierten, esoterisch anmutenden Konzept des Amtes bei Eugen Rosenstock-Huessy entspräche, das Amt würde die Integrität seiner Inhaber herstellen, das heißt die Aura formen. Demnach müsste von einer Art transzendentaler Prägekraft des Amtes ausgegangen werden. Politiker im eigentlichen Sinn gibt es auf Naboo jedenfalls nicht.

Wie im gesamten «Star Wars»-Universum stellt auch dieser Planet eine eigentümliche Melange aus technologischer Science-Fiction und institutionellem, ästhetischem Mittelalter dar. Das führt zu der bemerkenswerten Situation, dass tendenziell statische, dem grundsätzlich dynamischen Wesen einer Demokratie zuwider laufende Institutionen und Ämter gerade die Unversehrtheit dieser Demokratie garantieren sollen. Das Misstrauen gegenüber der Demokratie, das in «Star Wars» üblicherweise anzutreffen ist, setzt sich bis in die Institutionen dieser Demokratie hinein fort.

Die Inszenierung von Politik, die vom Tenor her an die Antipolitik der Episoden IV bis VI anschließt, setzt sich in der in Episode II erfolgenden Darstellung der «großen Politik» der Republik bruchlos fort, speziell repräsentiert durch den Rat der Republik. Die räumliche Anordnung des Rates erscheint ungewiss, ein klassischer Raum ist nicht erkennbar, im Bild sind weder Wände noch eine Decke zu sehen. Stattdessen schweben in diesem undefinierten Raum raumschiffartige Objekte, in denen jeweils eine planetarische Delegation Platz nehmen und zu den anderen in ihren Kugelobjekten schwebenden Delegationen sprechen kann. Die räumliche Situation ist hochgradig anonym und entfremdet; zwischen den einzelnen Mitgliedern in ihren latent abgeschlossenen Objekten existiert keine Verbindung. Nichts eint sie, abgesehen von dem Dissens, den sie untereinander austragen.

Dieser Rat kommt einem Parlament noch am ehesten nahe – bedient aber leider in allen Punkten ein Klischee, da es sich um eine bloße «Schwatzbude» handelt, ein Intrigenstadl, der sich durch sein eigenes Auftreten massiv desavouiert. Konkret tritt die Senatorin Padmé vor diesen Rat, weil sie um Hilfe für ihren Planeten gegen die Invasion durch die Handelsföderation werben möchte. Doch die Vertreter der Handelsföderation sabotieren dieses Anliegen sofort. Sie reißen die Rede im Rat an sich, und das ausschließlich durch Krakeelerei, die im Rat nichts Ungewöhnliches zu sein scheint. Ziemlich schnell gelingt es ihnen, das von Senatorin Padmé vorgetragene Anliegen in die Ausschüsse zu verweisen. Die Botschaft ist klar: In diesen Ausschüssen mahlen die Mühlen langsam; hier wird Padmés Antrag wirkungslos und dem Vergessen anheimgegeben.

Die Botschaft dahinter ist wenig schmeichelhaft für die Organisationsform der Demokratie. Diese erscheint nicht nur hochgradig ineffektiv, sondern wirkt vor allem noch viel gewaltsamer als die echte, sichtbare Gewalt eines militärischen Aggressors und Invasoren. Per Geschäftsordnungsantrag lassen sich hier zahllose Leben in den Tod befördern. Die Ineffizienz der Demokratie wird als deren eigentliche Korrumpierbarkeit gezeigt. Dass es außerdem auch noch wirkliche Korruption geben muss, spielt demgegenüber fast schon keine Rolle mehr.

Die Botschaft der «Star Wars»-Filme, die Politik betreffend, operiert also mit einem recht basalen Ansatz der Demokratiekritik, die lautet, Politiker seien unfähig. Und zwar nicht etwa individuell, denn dann bestünde ja Aussicht auf bessere Alternativen, sondern systemisch.

Obendrein sind sie es gerade nicht, obwohl, sondern explizit *weil* sie primär auf Sprache und Kommunikation setzen. Der strategische, gezielte Einsatz der letzthin humansten Fähigkeit – einer Kompetenz, die den Menschen zum Menschen macht, die allein Sinnbezüge herzustellen und zu gewährleisten vermag, die garantiert, dass wir uns zu anderen verhalten und in Interaktion treten können –, fungiert in «Star Wars» als ein klarer Ausweis der Niedertracht ihrer Anwender. Die Sprache darf demnach als die eigentlich gefährlichste aller Waffen gelten, weil sie heimtückisch erscheint, manipulativ und grundfalsch. Die Politiker in «Star Wars» zeigen, gegen alle Sprachphilosophie, eines: Wer spricht, lügt. In diesem Universum entsprechen Politiker dem landläufigen, platonischen Bild des Sophisten – Schönredner, die die Leute einwickeln, indem sie ihre Lügen spinnen. Wer handelt und kämpft, ist dagegen ehrlich, denn er riskiert sich selbst, offen und für alle einsehbar. Auf diese Unterscheidung lässt sich das Politische des Helden herunterbrechen. Persönliche Integrität wird in «Star Wars» ganz vormodern in der Identität des Kriegers repräsentiert.

Dass dieser nebenbei auch im Gewand eines fernöstlich anmutenden Weisen auftritt, der obendrein zölibatär leben muss, um seine Reinheit nicht zu gefährden, ist an dieser Stelle nebensächlich. Denn hier geht es nur um die Dichotomie zweier politischer Prinzipien, die «Star Wars» nebeneinanderstellt – personifiziert durch den weisen Krieger und Anführer und den korrupten, intriganten Politiker, dessen Existenz nur die Demokratie möglich macht. Die dritte Option des bösen und niederträchtigen Herrschers wird bei dieser Gegenüberstellung zunächst außen vor gelassen, denn es geht nur um die der Demokratie oder der Republik immanenten Möglichkeiten von Politik. Diese sind bipolar verteilt und verhalten sich zueinander antagonistisch. Dass die Institutionen der Demokratie speziell dann, wenn es drauf ankommt, untauglich sind, zeigt «Star Wars» in hinreichendem Maße.

Diese Antipolitik als Kultivierung von Misstrauen gegenüber der Demokratie entspringt zweifellos der Kultivierung des Konflikts innerhalb der pluralen, modernen Gesellschaft. Innerhalb der paradoxen Norm der «Helden-Demokratie» ist der Konflikt als solcher nämlich nicht erlaubt, weil er die Harmonie der Gesellschaft empfindlich stört. Als legitim gilt im «Star Wars»-Universum nur der Konflikt mit dem Antagonisten, gegen den man entschlossen in den Kampf zieht. Auf keinen Fall aber gibt es eine legitime, in Codes, Rituale und Kulturtechniken übersetzte Kultur der Konfliktaustragung.

Das liegt offensichtlich daran, dass in «Star Wars» die Linie der Konfliktrealität stets das Gute vom Bösen trennt. In der Dichotomie ist keine Differenz zugelassen. Deshalb kann es hier auch unter keinen Umständen ein Politisches geben, wie es beispielsweise Alain Badiou oder Chantal Mouffe entwerfen. Es ist nur logisch, dass in diesem differenzlosen, dichotomisch organisierten Feld jeder Versuch von Politik nur als Störfall und als falsch wahrgenommen werden kann und Politik daher in der Mehrzahl den bösen Charakteren überlassen bleibt.

Gleich im ersten Film des zweiten Zyklus (Episode I bis III) wird mittels abfälliger Äußerungen Obi-Wan Kenobis über die Politik deren Ende eingeläutet. Der Film macht schnell klar, dass es politisches Handeln oder politische Subjekte nicht geben kann. Politik wird gleichgesetzt mit Gerede, Korruption und Intriganz.

In seiner Verachtung für Politik steht Obi-Wan Kenobi für die Jedi-Ritter insgesamt. Das wäre für sich genommen noch nicht wirklich bemerkenswert. Denn natürlich kann der Held seine Verachtung für eine dezidiert «unheldische», auf Konfliktaustragung und Kompromiss- und Lösungsfindung basierende Politikform formulieren. Das wäre an sich wenig beachtlich, wenn es nicht zugleich eine erstaunliche Verbindung zwischen den Jedi und der Politik geben würde. Die Jedi werden ja gerade nicht als ein Orden jenseits der Politik eingeführt, der deshalb das politische System vollkommen legitim und nach Gutdünken kritisieren kann, der seinem Ressentiment gegen die Politik (die eben radikal unterschieden ist vom Politischen) freien Lauf lassen dürfte. Denn die Aufgabe der Jedi ist nichts anderes als die Protektion der Politik. Sie schützen allerdings nicht den Raum der politischen Subjekte und Akteure, des eigensinnigen politischen Handelns. Nein, sie schützen schlicht die Institution Politik und deren Repräsentanten. Während sie die «Special Task Force» der galaktischen Republik bilden (statt einer Armee, auf die die Republik doch recht großmütig verzichtet), hier auf diplomatischer Mission sind, dort mit dem Laserschwert in den Kampf ziehen, also der Politik untergeordnet erscheinen, bilden sie in Wirklichkeit ihren eigenen Orden, ihre eigene Regierung innerhalb einer intergalaktischen Wirklichkeit.

Ihrem Selbstverständnis nach sind die Jedi gar nicht in der Lage, sich unterzuordnen. Sie inszenieren in ihrem Rat eine Art Nebenregierung und unterlaufen damit nach Kräften sowohl die Politik als auch ein womöglich doch irgendwo aufkeimendes Politisches. Wenn die Jedi beisammensitzen, hat es nicht den Anschein, als sei dies eine Zusammenkunft von Leuten, die dem politischen System untergeordnet wären, die das System und seine Protagonisten schützen wollten. Sie sind nicht einfach die «Special Task Force» der Politik und der Republik. Im Gegenteil: Hier scheinen sich die wahren Führer zu versammeln, die jenseits der Politik kraft ihrer Weisheit und Tatkraft die Geschicke der Republik zu lenken vermögen.

Die Pointe, die «Star Wars» hier setzt, ist die, dass die Republik geschützt und gehalten wird durch einen zutiefst antirepublikanischen Zusammenschluss, einen Orden, der sich selbst über der Politik stehen sieht und im Zweifelsfall zu ihrer Korrektur oder sogar zu ihrer Führung ansetzt. Wenn daher die Politiker platonisch gezeichnete Sophisten sind, sind die Jedi platonische Wächter. Sie sind, ganz in Übereinstimmung mit der platonischen Staatslehre, die eigentlichen Staatslenker, also auch die eigentlichen, die wahren Politiker. Der Raum des Politischen scheint in «Star Wars» nur hier auf, in der Versammlung der Jedi-Meister. Aber dort wird er auch schon wieder demontiert, weil ein geschlossener, elitärer Kreis natürlich kein Politisches bedeutet, sondern faktisch dessen Abwicklung zugunsten einer zwar guten und weisen, aber letztlich doch immer autoritären Herrschaft.

Das Dilemma der Politik in «Star Wars» – die Politik der Jedi eingeschlossen – ist leider, dass sich die Politik eines Darth Vader und die der Weisheits-Jedi substanziell gar nicht so sehr voneinander unterscheiden. Die Wahl ist in Wirklichkeit nämlich nicht die zwischen Freiheit und Unterdrückung, sondern bloß die zwischen einer guten und einer bösen Tyrannis. Das politische System hinter dieser guten Tyrannis bleibt im Fall der Jedi aber ganz unklar. Wofür sie wirklich stehen, was ihre Form der Herrschaft ausmacht, bleibt rätselhaft. Zwar mögen sie für die Republik eintreten und auch kämpfen, aber das erfolgt innerhalb der gegebenen Konstellation politischer Verhältnisse, in der sie ganz offensichtlich die Republik als das kleinere Übel gegenüber dem großen Übel einer Diktatur der dunklen Seite unterstützen. Welche Herrschafts- und Vergesellschaftungsform die Jedi selbst umsetzen würden, bleibt ungewiss. Ihrem Auftreten nach zu urteilen, auch eingedenk aller fernöstlichen Inspirationsquellen für ihre Wesenszüge, dürfte es sich um eine Art humanistischen Feudalismus handeln. Die humanistische Komponente dabei ist ganz sicher enorm wichtig, denn demnach würden alle Spezies akzeptiert. Trotzdem bliebe es aber ganz sicher ein feudalistisches System der weisen Führer und ihrer einsamen Entscheidungen. Das Politische, der Dissens wäre darin garantiert gar nicht vorgesehen.

Vor diesem Hintergrund bekommt die Verwandlung Anakin Skywalkers in einen Diener der dunklen Seite plötzlich eine ganz neue Qualität. Denn Anakins unbotmäßiges Misstrauen gegen die Handlungsfähigkeit und die Legitimität der Republik – einmal abgesehen von seinem Wunsch, das Leben seiner Frau zu erhalten, der nicht besonders überzeugend wirkt –, resultiert so gesehen gar nicht in erster Linie aus seinem enormen Ego und seinen Dominanz- und Beherrschungsphantasien, die speziell in den Auseinandersetzungen mit Padmé um Politik und

Demokratie effektvoll inszeniert werden. Nein, vielmehr resultiert eben jenes Begehren, das Anakin am Ende in die Fänge der dunklen Seite treiben wird, ganz maßgeblich aus dem Ressentiment, das die Jedi insgesamt gegenüber Politik und Demokratie hegen. Im Grunde setzt Anakin am Ende nur um, was die Jedi mit ihrer Distanz zur politischen Herrschaft ihn gelehrt haben. Wenn er, nach der Metamorphose in seine neue Gestalt des Darth Vader, die Jedi ausschaltet, dann eigentlich nur deshalb, weil sie selbst nicht verstanden haben, worauf es ankommt. Nämlich nicht etwa die Republik und ihre korruptions- und fehleranfällige Politik zu stützen, sondern eine Alternative aufzubauen, die nach dem Vorbild des platonischen, letztlich autoritär verfassten Wächterstaates funktioniert. Mag diese Alternative auch dem Bösen folgen, so ist sie letztlich doch näher an einer konsequenten Umsetzung der Wächterphantasie als die in vieler Hinsicht unentschlossene Wächterdiplomatie der Jedi.

Zusammengeführt werden diese thematischen Stränge schließlich in der eigentlichen, bitterbösen, die Stoßrichtung der Filme unterstreichenden Pointe. Die beiden Negativfolien, bis dato immer sauber voneinander getrennt gehalten, fallen jetzt plötzlich zusammen. Zwischen der Politik als Übel und der dunklen Seite als Realisierung eines unethischen, inhumanen Herrschaftsprinzips gibt es plötzlich keine Differenz mehr. Die Differenz wird eingeebnet, weil die Versuchung des Bösen in Gestalt des großen Sith-Lords Darth Sidious und die verlogene, intrigante Natur der Politik in Gestalt des Kanzlers Palpatine – der eigentlich kraft seines Amtes die Republik schützen soll, aber faktisch als Sith-Lord an ihrer Destruktion arbeitet – in Personalunion auftreten. Der Kanzler der Republik und sein Antagonist sind ein und dieselbe Person. Letztlich ist es die Politik, die den jungen, unbedarften, aufbrausenden und ahnungslosen Anakin korrumpiert, denn Palpatine zieht alle Register der ideologischen Korruption und der persönlichen Manipulation. Alle von Obi-Wan Kenobi formulierten Negativurteile gegen die Politik werden hier wahr. Politik zieht sich ihre eigenen Untergangsakteure heran, weil sie selbst so unvollkommen ist, dass sie auf diesen Untergang zwingend zulaufen muss. «Star Wars» zeigt demnach vor allem eins: dass es legitime Politik, dass es ein Politisches nicht geben kann.

Wo es in den Episoden IV bis VI noch um Antipolitik ging, bleibt in den Episoden I bis III nur mehr eine Praxis der Counter-Politik. Diese verhält sich anders als Antipolitik, welche Politik ja weitestgehend negiert oder ablehnt. Counter-Politik nimmt Politik dagegen an, lässt sich auf sie ein. Sie tut dies aber nur, um die Politik zu unterlaufen. Counter-Politik arbeitet gegen Politik, und sie tut das aus dem Feld und aus der Logik der Politik selbst heraus. Aus diesem Grund ist sie zwar keine Antipolitik, wohl aber das Antipolitische. Dieser Ansatz vereint am Ende beide Seiten der dichotomischen galaktischen Frontlinie. Sowohl die Jedi als auch Kanzler Palpatine alias Darth Sidious können Politik nur begreifen als Counter-Politik.

Nils Markwardt

Galaktischer Klassenkampf? Ökonomie und soziale Frage in «Star Wars»

«Nichts in dieser Welt ist sicher, außer dem Tod und den Steuern.» Mit dieser intuitiv plausiblen Einsicht, die Benjamin Franklin am 13. November 1789 in einem Brief an seinen Freund, den französischen Wissenschaftler, Enzyklopädisten und aktiven Revolutionär Jean-Baptiste Le Roy, formulierte, könnte auch die «Star Wars»-Saga überschrieben sein. Denn gestorben wird im permanenten Krieg der Sterne bekanntlich immer. Und dafür ist wiederum die Steuer zwar nicht die Ursache, aber immerhin der Anlass. Am Anfang des interstellaren Weltenbrands steht nämlich ein handfester Wirtschaftskonflikt.

So heißt es am Beginn von Episode I («Die Dunkle Bedrohung», 1999): «Die galaktische Republik wird von Unruhen erschüttert. Die Besteuerung der Handelsrouten zu weit entfernten Sternensystemen ist der Auslöser.» Nun erfährt man im Folgenden zunächst nicht allzu viel über diesen eigentümlichen Fiskalstreit. Klar ist nur, dass die ominöse Handelsföderation eine Blockade gegen den Planeten Naboo, Heimat von Königin Padmé Amidala, verhängt hat, um gegen die vom Senat erlassenen Zölle zu protestieren. Gleichwohl findet der Konflikt in Episode I immer wieder Erwähnung. Etwa wenn Naboos Senator Palpatine, der im Verlauf der Saga erst zum Obersten Kanzler avanciert, um sich schließlich zum Imperator der dunklen Seite aufzuschwingen, vor dem Senat konstatiert: «Eine Tragödie hat sich ereignet, welche hier ihren Ausgang nahm mit der Besteuerung der Handelsrouten. Das führte dazu, dass sich unser Planet jetzt im Würgegriff der Föderation befindet.»

Wenn «Star Wars» also mit einem Handelskrieg einsetzt, akzentuiert das den wenig beleuchteten Aspekt, dass George Lucas' Science-Fiction-Epos nicht nur philosophische Großthemen wie Macht, Politik, Glauben, Technologie oder Liebe verhandelt, sondern auch eine buchstäbliche Wirtschaftsgeschichte erzählt. Und mehr noch: In gewisser Hinsicht lässt sich der Krieg der Sterne womöglich auch als eine Art Klassenkampf lesen.

Die Rolle der Ökonomie in «Star Wars» wird zunächst einmal auf ganz grundsätzlicher Ebene deutlich. Denn egal, ob man sich auf die zwischen 1999 und 2005 erschienen Episoden I bis III, die zwischen 1977 und 1983 veröffentlichen Episoden IV bis VI oder die Ende letzten Jahres in die Kinos gekommene Episode VII bezieht, überall taucht man direkt in einen wirtschaftlichen Kosmos ein.

Ähnlich wie in den Romanen Balzacs oder Jane Austens, die etwa Thomas Piketty in seinem Bestseller «Das Kapital im 21. Jahrhundert» zur Veranschaulichung seiner Thesen heranzieht, lässt sich auch «Star Wars» *en passant* als eine Reflexion über Ökonomie lesen. Und auf den ersten Blick scheint Letztere hier im Wesentlichen den Grundlinien der spätmittelalterlichen Ständegesellschaft zu folgen. Das heißt: Sieht man von Tagelöhnern und Sklaven ab, befinden sich am Grund der sozialen Hierarchie die Bauern, allen voran die sogenannten «Feuchtfarmer von Tatooine», die auf dem Wüstenplaneten mit Hilfe von Vaporatoren unterirdisch Getreide und Gemüse anbauen.

Und keinem Geringeren als Luke Skywalker sollte es ursprünglich vorbehalten sein, ebenfalls einer von ihnen zu werden. Schließlich wuchs Letzterer bei seinem Onkel Owen Lars auf, dessen Vater Cliegg einst Lukes Großmutter Shmi zunächst die Freiheit geschenkt und sie dann geheiratet hatte. Doch bekanntlich sollte Lukes Tante Beru recht behalten, als sie vorausschauend bemerkte: «Luke ist einfach kein Farmer, Owen. Es steckt einfach zu viel von seinem Vater in ihm.»

Auf der übergeordneten Ebene gibt es sodann allerlei Händler und Geschäftemacher, die, man denke nur an Han Solo, allzu oft im schattenökonomischen Bereich operieren, sich also beispielsweise mit Schmuggel verschiedenster Waren über Wasser halten. Schließlich kommen noch Soldaten und (Jedi-)Ritter hinzu. Wobei Letztere gleich eine ganze Reihe von Aufgaben übernehmen. Sie sind nicht nur in militärischen und diplomatischen Missionen unterwegs – man erinnere sich etwa, dass es Obi-Wan Kenobi und Qui-Gon Jinn waren, die im Auftrag des Kanzlers zunächst den Steuerkonflikt zwischen der Handelsföderation und Naboo schlichten sollten –, sondern es kommen ihnen als Träger der «Force» auch jene glaubenspflegerischen Aufgaben zu, die im Mittelalter von Klöstern übernommen wurden. Sprich: Die Jedi sind Agenten spiritueller Erbauung, was habituell durch die mönchischen Kutten und den asketischen Lebensstil deutlich wird, fungieren innerhalb und außerhalb des Jedi-Tempels aber auch als Dozenten für die Elite von morgen. Was dies betrifft, so muss man ihnen in betriebswirtschaftlicher Hinsicht jedoch ein höchst mittelmäßiges Zeugnis ausstellen. Immerhin konnten sie es nicht verhindern, dass eine Reihe ihrer Spitzenschüler, von Anakin Skywalker über Count Dooku bis zu Kylo Ren, kurz nach der gleichermaßen personal- wie kostenintensiven Ausbildung in die freie (Raub-)Wirtschaft der dunklen Seite wechselten.

Vom Jedi-Kloster zum imperialen Silicon Valley

Obschon man im ökonomischen Universum von «Star Wars» also auf den ersten Blick eine Art spätmittelalterliche Ständeordnung erkennt, geht sie auf den zweiten Blick doch weit darüber hinaus. Denn es lassen sich an vielen Stellen auch wirtschaftliche Grundkonstellationen erkennen, die irgendwo zwischen der Frontier-Bewegung, europäischer Frühindustrialisierung und postmoderner Digitalwirtschaft liegen. Ersteres zeigt sich idealtypisch etwa in den wiederkehrenden Szenen, die auf Raumbahnhöfen spielen. In diesen «Nicht-Orten» herrscht jene halblegale Geschäftemacherei, angebahnt in improvisierten Ständen oder dunklen Spelunken, die man nicht nur aus unzähligen Wildwestfilmen kennt, sondern die für Transitzonen dieser Art auch heute noch charakteristisch ist. Wobei sich das im Fall von «Star Wars» bisweilen auch auf ganze Planeten erstrecken kann, wie beispielsweise Tatooine, die Heimat Anakins und Luke Skywalkers. Dieses abgelegene Wüstenloch wird nämlich von Jabba the Hutt und seiner kriminellen Organisation aus Schmugglern, Hehlern, Kopfgeldjägern und anderen halbseidenen Gestalten kontrolliert, weshalb Shmi Skywalker, Anakins Mutter, gegenüber Qui-Gonn-Jinn auch resignierend die grassierende Glücksspielsucht beklagt: «Hier dreht sich doch alles um die Wetten auf diese furchtbaren [Pod-] Rennen.»

Frühindustrielle Anklänge zeigen sich hingegen exemplarisch in Episode V («Das Imperium schlägt zurück», 1980), etwa am Beispiel der Geschichte des ehemaligen Profi-Zockers Lando Calrissian. Der einstige Weggefährte Han Solos ist nämlich in der Zwischenzeit zum Administrator der sogenannten «Wolkenstadt» auf dem Planeten Bespin avanciert. Auch ist er Besitzer der dortigen

Minen, die das wertvolle Tibana-Gas bergen, das für die Herstellung von Hyperraumantrieben benötigt wird. Als Leia und Han Solo, der Lando einst den Millennium Falken beim Glücksspiel abluchste, notgedrungen in der Wolkenstadt zwischenlanden müssen, entspinnt sich ein gleichermaßen banaler wie beiläufiger, aber dennoch interessanter Wortwechsel zwischen den dreien:

Lando: Hören Sie, Leia, da wir ein kleines Unternehmen sind, fallen wir nicht unter die Jurisdiktion des Imperiums.

Leia: Dann gehören Sie also der Minen-Gilde an?

Lando: Nein, eigentlich nicht. Unser Unternehmen ist klein genug, um nicht aufzufallen, was für alle Beteiligten ein großer Vorteil ist, da unsere Kunden darauf bedacht sind, nicht zu viel Aufmerksamkeit auf sich zu ziehen.

Han: Hast du keine Angst, dass das Imperium etwas von deinem kleinen Unternehmen mitbekommen wird und alles lahmlegt?

Lando: Diese Gefahr besteht natürlich, und sie liegt wie ein drohender Schatten über allem, was wir hier aufgebaut haben, allerdings hat sich etwas ergeben, was uns absichern wird. Ich habe gerade ein Geschäft abgeschlossen, das mir das Imperium ewig vom Leibe halten wird.

Dieses «Geschäft» besteht nun darin, dass Lando seinen alten Freund Han Solo und Prinzessin Leia an das Imperium verraten hat, weshalb Darth Vader bereits im Nebenzimmer auf die beiden wartet. Und das zeigt wiederum zweierlei: Zum einen offenbart sich hier in moralökonomischer Hinsicht jene kapitalistische Grundformel, die Emir Kosturica 1998 in seinem Film «Schwarze Katze, weißer Kater» so konzise auf den Punkt brachte: «Wenn du hast Problem, das du nicht wegkriegst mit Geld, dann kriegst du nur weg mit viel Geld.» Zum anderen illustriert die Szene aber auch, dass die Macht des Imperiums nicht nur auf militärischer Gewalt, sondern ebenso auf jenem wirtschaftlichen Erpressungsdruck beruht, den politische Großeinheiten bis heute gerne zur Kontrolle ihrer Peripherien einsetzen.

Schließlich ist in «Star Wars», wie sollte es in einem Science-Fiction-Epos anders sein, aber auch der Technologiesektor von enormer Bedeutung. Dabei scheinen drei miteinander verschränkte Teilbereiche eine besonders wichtige Rolle einzunehmen. Da ist zum einen die Waffenindustrie, die vom Großbauprojekt des Todessterns über die Herstellung einer Klon-Armee bis zur flächendeckenden Produktion von (Kampf-)Robotern und Raumschiffen reicht. Zum anderen der Wettbewerb um die beste Sicherheitssoftware. So geht es in den Filmen nicht nur permanent um den Einsatz oder die Überlistung von Schutzschilden und Computersystemen, sondern es wird anhand von R2-D2 auch die Sozialfigur des (guten) Hackers vorgeführt. Dies wird besonders in Episode V («Das Imperium schlägt zurück», 1980) deutlich, wenn C-3PO stolz verkündet, dass sein Droiden-Freund die Fähigkeit besitze, «alle Sicherheitssysteme außer Kraft zu setzen». In puncto Technologiediskurs ist «Star Wars» drittens aber auch eine große Reflexion über die Möglichkeiten und Grenzen Künstlicher Intelligenz und maschineller Autopoesis. Bei diesem Thema, dem man zweifellos einen eigenen Beitrag widmen müsste, ist indes bemerkenswert, dass entsprechende Kritik am ehesten von den Maschinen selbst geäußert wird: Als C-3PO in Episode II («Angriff der Klonkrieger», 2002) zufällig in eine Fertigungshalle des Imperiums stolpert, stößt er etwa erschrocken aus: «O du meine Güte, schalt mich ab. Maschinen erschaffen Maschinen: Wie pervers!» Eine Einschätzung, die man als Anspielung auf jene bekannte Formel Thomas' von Aquin lesen darf, die seinerzeit die scholastische Zinskritik maßgeblich prägte: «*Nummus non parit nummos*», Geld pflanzt sich nicht fort.

Ostindien-Kompanie reloaded

Doch abgesehen von der Inszenierung solcher ökonomischer Grundkonstellationen – wie sie freilich auch in vielen anderen Filmen, insbesondere in vergleichbar epischen Produktionen wie etwa «Herr der Ringe», gezeigt werden –, offenbart sich «Star Wars» bisweilen ebenso als ganz konkrete Reflexion über Wirtschaftsgeschichte. Besonders deutlich zeigt sich das anhand der eingangs erwähnten Handelsföderation. Diese scheint nämlich auf sehr präzise Weise den Ostindien-Kompanien nachempfunden zu sein. Jene Handelsgesellschaften, die am Anfang des 17. Jahrhunderts in mehreren europäischen Ländern entstanden, fungierten gewissermaßen als parastaatliche Akteure zur Durchsetzung kolonialer Wirtschaftsinteressen. Die mächtigste unter ihnen war die niederländische Variante. Die von Amsterdam und Middelburg aus koordinierte *Vereenigde Oostindische Compagnie* (VOC), die in der Regel auch gemeint ist, wenn von der Ostindien-Kompanie im Singular gesprochen wird, kontrollierte nämlich die sogenannte «Gewürzroute» und versorgte dadurch weite Teile Europas mit Pfeffer, Zimt und Muskat. Das Spezifische der Ostindien-Kompanie lag nun daran, dass sie nicht einfach einen gewöhnlichen Zusammenschluss von Kaufleuten bildete, sondern vom niederländischen Staat Hoheitsrechte übertragen bekam, wodurch sie etwa Land erwerben und Kriege führen konnte. Wie Joseph Vogl, Kulturwissenschaftler und Autor von «Das Gespenst des Kapitals», in einem Gespräch mit Alexander Kluge sagt: «Es war ein hybrides Gemisch aus Staat, Söldnerheer und Aktiengesellschaft.» In gewisser Hinsicht bildete die Ostindien-Kompanie damit eine Institutionalisierung des Ausnahmezustands. «Sie war nämlich», so Vogl, «diktiert vom Kriegs- oder vom Seerecht. Dort, wo Holländer gesiedelt haben, herrschte ein latenter dauernder Krieg. Die

Ostindiengesellschaft, ihre Agenten und Mitglieder, Kaufleute, große und kleine, die Kapitäne und Seeleute, die Söldner unterstanden alle dem Kriegsrecht und nicht wie in Europa dem normalen Strafrecht.» Im Kontrast zum britischen Empire, das zwar ebenfalls über eine Ostindien-Kompanie verfügte, die aber nie den gleichen Einfluss gewinnen konnte wie ihr niederländisches Pendant, entstand zwischen Amsterdam und Zandvoort eine spezifische Form politischer Kolonialökonomie. Während die Briten ihre Kolonien mit vergleichsweise hohem Personalaufwand besetzten und territorial erschlossen, präferierten die Niederländer ein System aus relativ autonomen Stützpunkten. «Es wurde kein Territorium, es wurde kein Staatsgebiet, es wurde keine kohärente Verwaltungseinheit geschaffen», konstatiert Joseph Vogl, «sondern nur einzelne Filialen einer Handelsgesellschaft, in denen eben diese europäische Überkodierung, ein gewisses Recht, ein gewisser ökonomischer Verkehr, gewisse Verwaltungsstrukturen existierten. Aber jenseits davon war eigentlich – etwas unvorsichtig gesagt – Niemandsland.»

Besieht man nun die Handelsföderation in «Star Wars», so scheint die von Vizekönig Nute Gunray angeführte Organisation genau nach dem Vorbild der Ostindien-Kompanie geformt zu sein. Als Zusammenschluss von Kaufleuten ist sie nominell zwar ein privates Unternehmen, verfügt aber gleichzeitig sowohl über politische Rechte – nicht zuletzt durch einen eigenständigen Sitz im Galaktischen Senat – als auch über schlagkräftige Droiden-Armeen, welche etwa in Episode II («Angriff der Klonkrieger», 2002) als Verbündete der Sith zum Einsatz kommen. Man mag es deshalb auch als bewusste Anspielung an die Ostindien-Kompanie lesen, dass eben diese Episode mit einem missglückten Anschlag auf Padmé Amidala beginnt, dessen Urheberschaft zunächst «unzufriedenen Gewürzschürfern» zugeschrieben wird.

Und ähnlich wie die historische Ostindien-Kompanie, die die Ausbeutung der Kolonien mit brutaler Gewalt vorantrieb, wird auch die Handelsföderation als «unersättlich» beschrieben, werden ihre Anführer als skrupellose Machtmenschen inszeniert. Letztere geben zu verstehen, dass sie im Schutze des (Kriegs-) Rechts operieren, etwa indem sie gegenüber den Jedi betonen: «Wie ihr wisst, ist unsere Blockade völlig legal.»

Wobei im Fortlauf der «Star Wars»-Saga immer deutlicher wird, dass die Vertreter der Handelsföderation Palpatine/Darth Sidious lediglich als nützliche Idioten zum Aufbau des Imperiums dienen. Zumindest andeutungsweise scheinen diese das in Episode I («Die Dunkle Bedrohung», 1999) auch bereits zu ahnen: Nachdem Palpatine/Darth Sidious dem Vorsitzenden der Föderation mitgeteilt hat, dass er Darth Maul zur Unterstützung gegen die Jedi senden werde, konstatiert dieser: «Es gerät außer Kontrolle. Jetzt sind es schon zwei von denen. Wir hätten uns niemals darauf einlassen dürfen.» Dass er damit recht behalten sollte, zeigt sich schließlich in Episode III («Die Rache der Sith», 2005). Wurde die 1602 gegründete *Vereenigde Oostindische Compagnie,* die in der zweiten Hälfte des 18. Jahrhunderts durch Korruption und die Folgen der Englisch-Niederländischen Seekriege zunehmend in Schwierigkeiten geriet, 1798 aufgelöst, so muss auch die Handelsföderation am Ende die – buchstäbliche – Liquidation über sich ergehen lassen. Nachdem ihre Aufgabe in Palpatines/Darth Sidious' Plan erfüllt ist, weist Letzterer den bereits zur dunklen Seite übergetretenen Anakin Skywalker an, ihre Anführer zu töten.

Unter dem Strich lässt sich dieser anspielungsreiche Rückgriff auf die Ostindien-Kompanie in «Star Wars» indes nicht nur als wirtschaftshistorische Reflexion lesen, sondern auch als impliziter Kommentar zur Gegenwart verstehen. Denn obschon die Ostindien-Kompanie ein spezifisches Produkt der Kolonialzeit war und keine adäquaten heutigen Entsprechungen hat, ist die zunehmende Verquickung privatwirtschaftlicher und politisch-militärischer Macht auch ein Phänomen des zeitgenössischen Kapitalismus. Man denke nur an ein Sicherheitsunternehmen wie «Blackwater», dessen mit Sonderrechten ausgestattete Mit-arbeiter im Irak-Krieg die amerikanischen Streitkräfte unterstütz-ten. Oder an jene Konzerne im Bereich der Landwirtschaft oder der Förderung seltener Erden, die in Afrika und Südamerika mit Milizen kooperieren beziehungsweise gleich eigene Todesschwa-dronen beschäftigen.

Ich repariere, also bin ich

Ähnlich wie im Fall der Handelsföderation ist auch ein anderes ökonomisches Dauerthema in «Star Wars» gleichermaßen histo-risch wie hochaktuell: die Reparatur- und Recycling-Wirtschaft. In jeder der bis dato sieben Episoden spielen nämlich Müll, Abfall und Schrott sowie deren Reparatur und Aufbereitung eine zen-trale Rolle. Exemplarisch zeigt sich das bereits an den drei Haupt-trägern der «Force»: Der handwerklich hochbegabte Anakin, der bekanntlich ja auch der Schöpfer von C-3PO ist, arbeitet als klei-ner Junge beim Schrotthändler Watto; Luke Skywalker repariert direkt am Anfang von Episode IV («Eine neue Hoffnung», 1977) R2-D2; Rey arbeitet wiederum als Schrottsammlerin und wohnt zunächst im Wrack eines im Wüstensand vor sich hin rostenden imperialen Läufers. Dementsprechend wird die komplette Saga hindurch permanent geschraubt, gehämmert und gelötet, wes-halb einer der «Running Gags» in den Episoden IV bis VII auch darin besteht, sich (liebevoll) über den Millennium Falken als «Schrotthaufen» lustig zu machen.

Und sobald das Gespräch auf die Reparaturbedürftigkeit der Dinge kommt, stellt das eine Möglichkeit zur Anschlusskommunikation dar, etwa wenn Han Solo in Episode VII («Das Erwachen der Macht», 2015) Reys besondere Begabung daran erkennt, dass sie so viel technische Expertise besitzt.

Darüber hinaus ist das Thema der Reparatur in «Star Wars» auch kosmologisch, ökologisch und machtpolitisch konnotiert. Kosmologisch deshalb, weil es eng mit jenem pantheistischen Grundrauschen verknüpft ist, das alle Erzählungen über die «Force» umgibt. Was das Prinzip der Reparatur betrifft, so schreibt der Biophysiker und Generaldirektor des Deutschen Museums Wolfgang M. Heckl in seinem 2013 erschienenen Buch «Die Kultur der Reparatur», man müsse sich stets vergegenwärtigen, dass dieses «keine menschliche Erfindung, sondern ein uraltes, der Natur seit Anbeginn der Zeit Innewohnendes» sei. Folgt die Umwelt dem Imperativ der Energieminimierung, hat sie mannigfache Formen der Selbstorganisation gefunden, um beschädigte Systeme wieder zu reparieren. Das reicht von Bergkristallen, die sich auf molekularer Ebene gewissermaßen selbst korrigieren, bis zur menschlichen Wundheilung. Für Heckl ist die Kultur der Reparatur deshalb «ein Paradebeispiel für ganzheitliches Denken, weil sie fachdisziplinsspezifischen Wissens und technischer Fähigkeiten bedarf, die aus ganz unterschiedlichen Gebieten kommen müssen». Insofern ist es also vielleicht kein Zufall, dass die Jedi-Ausbildung, die Luke Skywalker in Episode V («Das Imperium schlägt zurück», 1980) bei Yoda, dem Wortführer des Ganzheitsdiskurses, bekommt, damit beginnt, dass Luke sein reparaturbedürftiges Raumschiff mit Hilfe der «Force» aus dem Sumpf bergen soll.

Ökologisch konnotiert ist die Frage des Reparierens und Recycelns in «Star Wars» wiederum deshalb, weil dadurch nicht nur individuelle Ressourcenknappheit markiert wird – etwa die Tatsache, dass Han Solo oder Rey schlicht kein Geld haben, um sich neue Dinge zu kaufen –, sondern ebenso die Endlichkeit aller natürlichen Rohstoffe. Inszenatorisch verdeutlicht sich das besonders auf den Wüstenplaneten, also Tatooine oder Jakoo, der Heimat Reys, die Han Solo einmal beiläufig «Müllhalde» nennt: Hier mangelt es an allem, einschließlich Wasser.

Wolfgang M. Heckl schreibt: «In der vorindustriellen Zeit waren Herstellung und Reparatur eine selbstverständliche Einheit, weil damals Ressourcenknappheit im Grunde der Normalzustand war und der Wert des hergestellten Gegenstands sich auch über dessen Langlebigkeit definierte.» In diesem Sinne illustriert «Star Wars», nicht unähnlich unserer historischen Gegenwart, gewissermaßen ein postindustrielles Szenario, das wieder in diesen Zustand zurückgekehrt ist. Eine Epoche also, in der sich die wachstumsgetriebene Kultur der Obsoleszenz nur noch wenige Wohlhabende leisten können. Innerhalb des «Star Wars»-Universums ist das übrigens eindeutig die Handelsföderation, deren Kampf-Droiden sich zwar als verhältnismäßig kurzlebig erweisen, aber in solch riesiger Menge produziert werden, dass stets Nachschub vorhanden zu sein scheint.

Die machtpolitische Dimension des Reparierens zeigt sich schließlich darin, dass sie eine gewisse Form der Autarkie garantiert. Oder wie Heckl schreibt: «Des Weiteren gewinnt jeder, der reparieren und/oder etwas herstellen kann, an Autonomie. Nichts lässt im Menschen ein stärkeres Gefühl von Freiheit aufkommen als die Erfahrung, nicht von anderen abhängig zu sein – und umgekehrt für andere tätig werden zu können, ihnen bei der Reparatur von Dingen zu helfen.» Besieht man nun etwa die Biographie Anakin Skywalkers, kann man vor diesem spezifischen Hintergrund auch dessen Wandlung zu Darth Vader nachzeichnen. Anakin ist schon als Kind ein exzellenter Konstrukteur und

Reparateur, worin sich auch seine prinzipielle Befähigung zum Jedi offenbart. Einer deren Grundsätze, so erklärt er in Episode II («Angriff der Klonkrieger», 2002), sei nämlich das absolute Vermeiden von Abhängigkeit. Die, wenn man so will, negative Dialektik liegt nun jedoch darin, dass es Anakin gerade deshalb zur dunklen Seite zieht, weil er diese Unabhängigkeit zu radikal denkt, sie auch gegenüber Tod, Natur und Schicksal verteidigen will. Weil er nicht akzeptieren kann, dass er seiner Mutter, die zuvor von Tusken-Räubern verschleppt wurde, nicht das Leben retten konnte, überkommen ihn derartige Mordgelüste, dass er das gesamte Dorf der Banditen, Frauen und Kinder eingeschlossen, niedermetzelt. Gegenüber Padmé erklärt er später: «Das Leben erscheint viel einfacher, wenn man Dinge repariert. Ich kann sehr gut reparieren, konnte ich schon immer. Aber ich konnte nicht ... Wieso nur musste sie sterben?» Und kurz darauf fügt er in Bezug auf die Tusken-Räuber hinzu: «Sie sind wie Tiere – und wie Tiere habe ich sie auch abgeschlachtet.»

Anakins Sog zur dunklen Seite ergibt sich also daraus, dass er die Grenzen der Reparatur, der Korrekturfähigkeit komplexer Systeme nicht anerkennt, weshalb ihn Palpatine / Darth Sidious vor allem mit dem Versprechen überzeugen kann, dass er als Sith die Fähigkeit besäße, Menschen ihrem Todesschicksal zu entreißen.

Wie zentral die Rolle der Reparatur in «Star Wars» ist, zeigt sich zudem nicht zuletzt daran, dass sie auch den Körpern eingeschrieben ist. So sind Luke und Darth Vader ja beide gewissermaßen «repariert». Ersterer trägt eine Prothese, nachdem er im Kampf gegen seinen Vater die rechte Hand verloren hat. Darth Vader wiederum hatte im Duell mit Obi-Wan Kenobi beide Beine und einen Arm eingebüßt sowie schwere Verbrennungen erlitten, sodass er lediglich durch einen enormen chirurgischen Eingriff, der etwa die Implementation künstlicher Lungen enthielt, überleben konnte. Wobei auch an diesem Punkt noch einmal eine Differenz deutlich gemacht wird: Während Luke einfach «nur» als repariert erscheint, wird im Fall Anakins / Darth Vaders abermals die Überschreitung der Grenze zum eigentlich Irreparablen markiert. So sagt Obi Wan-Kenobi in Episode VI («Die Rückkehr der Jedi-Ritter», 1983) zu Luke, der zuvor Skrupel geäußert hatte, gegen seinen eigenen Vater zu kämpfen: «Er ist eine Maschine, kein Mensch mehr, eine diabolische Maschine.» Und das ist die vielleicht deutlichste Form der Technikkritik, die einem in «Star Wars» begegnet.

You say you want a revolution

«Alle großen demokratischen Revolutionen waren stets auch Steuerrevolutionen», hat Ökonom Thomas Piketty in einem Interview konstatiert. Stellt sich die Frage: Wie sieht es diesbezüglich in «Star Wars» aus? Oder anders formuliert: Wurde bisher versucht, verschiedene wirtschaftliche Reflexionsebenen innerhalb des Science-Fiction-Epos zu akzentuieren, so wäre jetzt noch zu klären, wie die ökonomischen Konfliktlinien in der Saga genau verlaufen. Ist die aus einem Steuerstreit entstandene Rebellion tatsächlich demokratisch? Handelt es sich womöglich sogar um Klassenkampf? Und wenn ja, wer repräsentiert dann welche Klasse? Um es vorwegzunehmen: Diese Fragen lassen sich nicht nur nicht eindeutig klären, sie lassen sich womöglich nur in Form eines Paradoxes beantworten.

Denn zum einen ließe sich die These aufstellen, dass der (ökonomische) Grundkonflikt von «Star Wars» eine Refiguration der Amerikanischen Revolution darstellt. Demnach wäre der Kampf der Rebellen um Luke, Leia und Han gegen das Imperium eine galaktische Parallele zum Aufstand der amerikanischen Siedler gegen das britische Empire, dem schließlich der Unabhängigkeitskrieg von 1775 bis 1783 folgte. Und in der Tat sprechen einige Indizien dafür, wie Martin Legros im «Philosophie Magazin» gezeigt hat. Allen voran der buchstäblich aussagekräftige Fakt, dass die Rebellen durchweg mit amerikanischem Akzent, Darth Vader und weitere Offiziere des Imperiums – zumindest in den Episoden IV bis VI – hingegen mit britischem Akzent sprechen. Dazu passt auch, dass die Raumschiffe der dunklen Seite «Destroyer» heißen, genauso wie jene der Royal Navy.

Und auch auf inhaltlicher Ebene zeigen sich bemerkenswerte Ähnlichkeiten: Der Republikanismus der Rebellen, der Kampf gegen Korruption und Willkür, die Einforderung von jener Mitbestimmung, wie sie auch bei der Boston Tea Party artikuliert wurde («No taxation without representation») oder nicht zuletzt die – zumindest bei den Jedi vorhandene – Selbstbeschreibung als «Auserwählte». Repräsentiert die helle Seite der Macht also den bürgerlichen Kampf für Freiheit und faire Marktwirtschaft, die dunkle Seite hingegen die Tyrannei eines feudal-merkantilistischen Imperiums?

Zumindest was die helle Seite betrifft, böte sich unterdessen auch eine ganz andere Lesart an. Nämliche jene, dass diese weniger bürgerlich-demokratisch als proletarisch-leninistisch konnotiert ist. Erste Indizien dafür findet man bereits dann, wenn man sich nochmals die drei Hauptträger der «Force» vergegenwärtigt: Anakin ist anfangs ein Sklave, Luke ein Kleinbauer und Rey eine mittellose Schrottsammlerin. Sie alle sind Marginalisierte, Ausgestoßene. Das wird inszenatorisch nicht zuletzt auch dadurch deutlich, dass sich die bereits angesprochene Omnipräsenz von Müll und Abfall gewissermaßen metaphorisch auf die Personen selbst überträgt. Etwa in jener Szene in Episode IV («Eine neue

Hoffnung», 1977), in der Luke, Leia, Han und Chewbacca fast in einer Müllpresse sterben, auf die Han dann in Episode VII («Das Erwachen der Macht», 2015) noch einmal vielsagend anspielt. Oder in Episode V («Das Imperium schlägt zurück», 1980), als Han und Leia gerade Darth Vader entkommen wollen und Han erklärt: «Wenn sie sich an die imperiale Standardprozedur halten, werden sie ihren Müll über Bord werfen, bevor sie zur Lichtgeschwindigkeit übergehen, dann schweben wir einfach davon.» Darauf Leias Antwort: «Ja, mit dem Rest des Mülls.»

Erkennt man also bereits in der Ausgangssituation aller drei Protagonisten eine proletarische Grundierung und zeigt sich bei den Rebellen eine metaphorische Markierung als sozialer Abfall, so findet sich beim jungen Anakin sogar schon eine Art revolutionäres Bewusstsein. Als Padmé Amidala ihn fragt, ob er ein Sklave sei, antwortet er empört: «Ich bin ein Mensch. Und mein Name ist Anakin.» Kurze Zeit später fügt er hinzu: «Ich habe mal geträumt, ein Jedi zu sein, ich kam hierher zurück und befreite alle Sklaven.» Immerhin hatte ihm seine Mutter Shmi ja auch bereits von Kindesbeinen an beigebracht, dass «das Problem in dieser Galaxis ist, dass Leute einander nicht helfen.» Nun ließe sich dem freilich entgegenhalten, dass die «Star Wars»-Helden zwar proletarisch anmuten mögen, die Jedi ja nun aber ausdrücklich als Verfechter von Republik und Demokratie auftreten. Allein, die Sache ist auch in dieser Hinsicht keineswegs so eindeutig, wie es auf den ersten Blick scheinen mag. Denn das Verhältnis der Jedi ist diesbezüglich äußerst ambivalent, was sich exemplarisch an einer Szene aus Episode II («Angriff der Klonkrieger», 2002) zeigt. Obi-Wan Kenobi und Anakin Skywalker befinden sich darin gerade in einem Gespräch über Padmé Amidala, die mittlerweile nicht mehr Königin von Naboo, sondern dessen Vertreterin im Galaktischen Senat ist:

Obi-Wan Kenobi: Und vergiss nicht, sie ist eine Politikerin, und denen kann man nicht trauen.

Anakin: Sie ist nicht so wie die anderen im Senat, Meister.

Obi-Wan Kenobi: Nach meiner Erfahrung bemühen sich Senatoren nur um diejenigen, die ihre Wahlkampagne finanzieren. Und sie schrecken in keiner Weise davor zurück, zugunsten dieser Gelder die Prinzipien von Demokratie und Ordnung zu vergessen.

Anakin: Nicht noch eine Lektion, wenigstens nicht in Wirtschaftspolitik.

Sicher, gerade US-Zuschauer mögen in Obi-Wans Kritik womöglich nur jenes Murren gegen «die da oben in Washington», also gegen Senat und Kongress, wiedererkennen, welches im politischen Diskurs Amerikas ja eine gleichermaßen obligatorische wie folkloristische Rolle einnimmt. Doch damit wäre es in diesem Fall nicht getan, denn Obi-Wan spricht ja nicht von irgendeiner Senatorin, sondern von Padmé Amidala, also jener Frau, an deren Seite er in der vorherigen Episode gegen die Sith gekämpft hat und dementsprechend eigentlich keinen Anlass zum Zweifel an ihrer politischen und moralischen Integrität haben dürfte. Insofern lässt sich seine Kritik an der repräsentativen Demokratie durchaus als strukturell verstehen.

Eine andere Szene, die das Verhältnis der Jedi zur bürgerlichen Demokratie zumindest in Frage stellt, findet sich in Episode III («Die Rache der Sith», 2005). Obschon Anakin zu diesem Zeitpunkt bereits merklich von der dunklen Seite affiziert ist, hatte er Meister Windu, neben Yoda einer der mächtigsten Jedi, zuvor berichtet, dass Kanzler Palpatine in Wahrheit der Sith-Lord Darth Sidious ist. Windu ist nun herbeigeeilt, um Palpatine/Darth Sidious zu töten.

Windu: Ich werde dem ein Ende setzen, und zwar ein für alle Mal.

Anakin: Das dürft Ihr nicht, er muss vor Gericht!

Windu: Er kontrolliert den Senat und die Gerichte, er ist zu gefährlich, um am Leben gelassen zu werden.

Anakin: Das widerspricht dem Kodex der Jedi, er muss leben.

Obschon Windu in der Sache recht haben mag, ist es dennoch überaus erstaunlich, dass Anakin just in dem Moment, da er vollends von der dunklen Seite ergriffen wird – weshalb er Windu schließlich auch tötet und Palpatine/Darth Sidious damit das Leben rettet –, derjenige ist, der auf Rechtsstaat und Jedi-Kodex pocht, während Windu sich auf das revolutionäre Standgericht beruft. Wo also deutlich ist, dass die Affinität des Jedi-Ordens zur bürgerlichen Demokratie nicht die größte ist, lassen sich hinsichtlich dessen Organisation, Anforderungen und Habitus auch eine Reihe konkreter leninistischer Anklänge ausmachen. Oder anders gesagt: Es erscheint sehr bemerkenswert, dass sich Lenins 1902 publiziertes Hauptwerk «Was tun?» zumindest streckenweise wie ein Manual für Jedi-Ritter liest.

Lenin und der verkehrte Klassenkampf

Der russische Revolutionär wendet sich darin zunächst strikt gegen die «Anbetung der Spontanität», verdammt also etwa gewerkschaftliche Ad-hoc-Aktionen und fordert für das politische Handeln die Existenz «eines systematischen, im Voraus durchdachten und von langer Hand vorbereiteten Planes». Die «erste und dringendste praktische Aufgabe» sei es deshalb, «eine Organisation von Revolutionären zu schaffen, die fähig ist, dem politischen Kampf Energie, Zähigkeit und Kontinuität zu verleihen». Dafür brauche es wiederum eine Schar Auserwählter, also «ein Dutzend talentvoller (Talente aber kommen nicht zu Hunderten auf die Welt), bewährter Führer, die mit den notwendigen Kenntnissen ausgerüstet sind, eine lange Schule durchgemacht haben und die ausgezeichnet zusammenarbeiten.» Kurzum: Man müsse eine «Armee allwissender Menschen sammeln, ausbilden, mobilisieren und in den Kampf schicken». – Könnte nicht all das, mehr oder weniger, aus dem Munde Yodas stammen? Ist die Bekämpfung von spontanem Aktionismus und irrationalen Reflexen nicht exakt das, was der Jedi-Meister Luke Skywalker in seiner Ausbildung beizubringen versucht? Gehört die Suche von auserwählten Talenten, die es jahrelang zu schulen und disziplinieren gilt, nicht zu den Kernaufgaben des Ordens? Und sind die Jedi nicht eine eingeschworene Truppe von Berufsrevolutionären, die, wie Lenin empfiehlt, auch die Mittel der Konspiration nicht scheuen, etwa wenn der Hohe Rat Anakin damit beauftragt, Kanzler Palpatine / Darth Sidious auszuspionieren?

Slavoj Žižek hat in seinem 2002 erschienenen Buch «Die Revolution steht bevor – Dreizehn Versuche über Lenin» bemerkt: «Der Klassenkampf ist letztlich der Kampf um die Bedeutung der Gesellschaft ‹als solche›, der Kampf darum, welche der beiden Klassen sich letztlich als Platzhalter für die Gesellschaft ‹als solche› durchsetzen wird und dadurch ihren anderen zum Platzhalter für das Nicht-Soziale (die Bedrohung oder Zerstörung der Gesellschaft) abstempeln wird.» Und ist es ebenfalls nicht genau das, worum es in «Star Wars» letztendlich geht, das, worum die Differenz von heller und dunkler Seite, Jedi und Sith permanent kreist?

Zumal das *en passant* auch eine luzide Erklärung dafür wäre, warum in Episode VII («Das Erwachen der Macht», 2015) der gealterte Mark Hamill in der Rolle des gealterten Luke Skywalker *exakt* aussieht wie Slavoj Žižek.

Haben wir es bei «Star Wars» nun mit einer Refiguration der Amerikanischen Revolution, also einem republikanischen Bürgeraufstand für mehr Freiheit und Marktwirtschaft, zu tun, oder zeigt sich hier vielmehr ein von proletarischen Berufsrevolutionären angeführter Klassenkampf? Die paradoxe Antwort wäre womöglich: beides. Dadurch ließe sich nicht zuletzt auch ergründen, warum Ronald Reagan und Margaret Thatcher ein spezielles Verhältnis zum Krieg der Sterne zu haben scheinen. Bekanntlich wurde die 1983 von Reagan lancierte «Strategic Defense Initiative», der gegen die Sowjetunion gerichtete Aufbau eines Raketenschirms, ja ebenfalls «Star Wars» genannt. Was Thatcher betrifft, so will es zumindest eine apokryphe Anekdote, haben konservative Parteifreunde ihr am 4. Mai 1979, dem Tag ihrer Amtsübernahme als britische Premierministerin, wiederum mit einem Banner gratuliert, das die Aufschrift trug: «May the Fourth be with you, Maggie!» Wobei in diesem Kontext ebenfalls bemerkenswert ist, dass seit 2011 der 4. Mai von eingefleischten Fans als «Star Wars Day» gefeiert wird ...

Betrachtet man George Lucas' Science-Fiction-Epos nämlich als Ganzes, muss man sich ja schließlich nur die Frage stellen: Was kommt heraus, wenn man das Streben nach Freiheit und Marktwirtschaft mit leninistischen Methoden, den Willen zur Deregulierung mit revolutionärem Anspruch kombiniert?

Was wäre also das Ergebnis, wenn eine eingeschworene Truppe, es könnten etwa Wissenschaftler an der Universität von Chicago sein, sich unter dem Banner jener Demokratie, die sie tatsächlich weitestgehend verachtet, auf den Weg machte, um ganze Gesellschaften umzukrempeln? Was wäre das Resultat eines Klassenkampfs unter umgekehrten Vorzeichen? Es wäre wohl das, was man gemeinhin Neoliberalismus nennt.

Tomáš Sedláček

Der Glaube versetzt Sterne. «Star Wars» und die Logik des Kapitalismus

Aus dem Englischen von Michael Ebmeyer

Den Kern von «Star Wars» scheint ein köstlicher Witz zu bilden. Die Saga entstammt den forschungsgläubigen, rationalistischen und entschieden modernen siebziger Jahren – und doch wird die fiktive Ultra-Hightech-Zivilisation, in der sie spielt, beherrscht von einem Haufen mönchshafter Esoteriker: den Jedi und den Sith, die sich von der unsichtbaren Hand einer mysteriösen «Macht», der «Force», leiten lassen. «Star Wars» entwirft ein Zeitalter der naturwissenschaftlich grundierten Hochtechnologie, dessen Gurus und Helden aber vor allem auf ihre Gefühle setzen («spüre die Macht») und ihre größte Stärke nicht etwa aus ihrer Körperkraft beziehen, sondern aus ihrem Glauben.

«I find your lack of faith disturbing» – in der deutschen Fassung: «Ich finde Ihren Mangel an Glauben beklagenswert» – ist eins der berühmtesten «Star Wars»-Zitate. Dass der böse Darth Vader es spricht, braucht uns nicht zu schrecken, denn auch Meister Yoda und Obi-Wan Kenobi äußern immer wieder Ähnliches, wenn sie Luke den Weg der «Force» lehren. Der Glaube ist der Schlüssel. Nicht das Beweisbare, nicht die Vernunft, nicht das, was du siehst oder weißt.

Wie ein Scherz wirkt das auf den ersten Blick, aber trifft es nicht eine tiefere Wahrheit? Liegt nicht im Kern unserer Ideologien (also derzeit im Kern des demokratischen Kapitalismus) immer genau dies – der Glaube? Haben nicht die Hohepriester der Rechten, Politiker wie Ökonomen, gerade erst die große Wirtschaftskrise damit erklärt, dass die Leute nicht fest genug an den freien Markt geglaubt hätten? Der Tea-Party-Logik zufolge war unser Vertrauen in die Kräfte des Marktes zu gering; und dieser Mangel an Glauben führte dazu, dass durch Eingriffe der Regierung – oh, ihr Schwachgläubigen! – die «Force» aus dem Gleichgewicht gebracht wurde, weshalb im Jahr 2008 die Märkte zusammenbrachen.

Der linke Denker Slavoj Žižek, der einen Teil seines Lebens unter einem kommunistischen Regime verbrachte, weist darauf hin, dass dort dieselbe Logik zur Anwendung kam: Wann immer etwas schieflief, sollte ein Mangel an Glauben – an den Kommunismus – die Ursache sein. Wenn das, woran man glaubt, ins Wanken gerät, glaubt man nur umso fester daran; so funktioniert der Fetisch der Ideologie.

Als der Überkonsum in die Krise geriet, riefen Politiker und Ökonomen dazu auf, mehr zu konsumieren. Seit dem Beginn der Überschuldungskrise 2007 hat sich die globale Verschuldung verdoppelt. Das Etikett «Kreditkrise» wurde eingeführt, was auf Lateinisch Glaubenskrise bedeutet. Kredit, also Glaube, ist das Wesen des Geldes. Deswegen treten nun die Zentralbanken der EU und der USA als Kreditgeber letzter Instanz – sprich: Gläubige(r) letzter Instanz – in Erscheinung. In einem Moment, da unser Glaube schwach ist (an die Zukunft, den Euro, die Banken et cetera), müssen die Zentralbanken demonstrativ *an unserer statt* glauben; etwa indem sie die Zinssätze auf null halten, gerade weil sie unter natürlichen Bedingungen der Marktkräfte extrem hoch wären. Denn der Zinssatz verhält sich umgekehrt proportional zum Glauben, er steigt in dem Maß, in dem das Vertrauen schwindet. Nullzins bedeutet absolutes Vertrauen in die Zukunft und in den Kreditgeber. Die Zentralbanken sagen uns: Wir finden Ihren Mangel an Glauben beklagenswert.

Um es kurz zu sagen: Unser System, so technokratisch es auch erscheint, basiert wie jedes ideologische oder religiöse System auf dem Glauben. Und genauso wie bei anderen Glaubensformen führt es uns dazu, anhaltend deprimiert und enttäuscht über das Ungleichgewicht, den Mangel an Stabilität unseres Glaubens zu sein. Unser Glauben an unsere Modelle, unsere Vorhersagen oder Prophezeiungen, ist entweder zu schwach oder zu stark. Beides macht uns blind. In Wahrheit sind wir nicht so sehr deprimiert als manisch-depressiv, wir hassen-lieben das System.

Wünsche zweiten Grades

Zurück zu «Star Wars». Manchmal hegen wir bestimmte Wünsche – mehr zu glauben (wie Luke Skywalker), mehr zu lesen, mehr zu lieben, zur Ruhe zu kommen, Sport zu treiben –, aber so gerne wir diese Wünsche auch haben, schaffen wir es doch nicht, sie uns so sehr zu wünschen, wie wir es uns wünschen würden. Andere Wünsche oder Begehrlichkeiten hingegen, die wir lieber nicht hätten, können wir beim besten Willen nicht vermeiden; als gäbe es ein Wünschen zweiten Grades, ein Wünschen hinter dem Wünschen. Aus diesem Abgrund steigt das Schuldgefühl auf.

Die meisten Filme finden genau dafür Bilder, so auch «Star Wars»: Am Ende ist der Schurke – Darth Vader – nicht wirklich der Schurke, sondern hinter ihm steht ein viel Schlimmerer – der Imperator –, der ihn zum Bösen zwingt. Durch Beseitigung dieser Instanz zweiten Grades (der böse Imperator wird vom bösen Darth Vader getötet, den Mitleid mit seinem Sohn Luke ergriffen hat) wird der bisherige Schurke Darth Vader befreit und kehrt zu seinem alten, freundlichen Wesen zurück, als guter Geist sozusagen. Filme wie «Drachenzähmen leicht gemacht» oder «Beowulf», um nur zwei zu nennen, eignen sich ebenso gut als Beispiele für diesen Mechanismus.

Wie sich herausstellt, wollte Darth Vader Luke nicht vernichten, sondern ihn nur auf seiner Seite, der «dunklen Seite der Macht», haben. Nachdem Vader Luke im Lichtschwertduell am Ende von «Das Imperium schlägt zurück» die Hand abgeschlagen hat, will er ihn doch auch festhalten, um ihn vor dem Sturz in den Abgrund zu bewahren. Es ist Luke selbst, der in die Tiefe springt. Und es ist bemerkenswert, dass es nur zwei wichtige Figuren gibt, die Darth Vader in der ersten Trilogie direkt tötet: den Imperator, die Wurzel alles Bösen – und sich selbst. (Er kämpft zwar mit Obi-Wan Kenobi, aber tötet ihn nicht eigentlich, vielmehr transsubstantiiert sich sein ehemaliger Mentor freiwillig, bevor der finale Schlag ihn trifft.) Anakin / Vader ist ein bedauernswerter Charakter, nicht durch und durch böse, sondern irregeleitet durch übermächtiges Wünschen im Dienst eines Wunsches hinter dem Wunsch.

Dasselbe gilt für die Echsen in «Drachenzähmen leicht gemacht», die in Wahrheit nicht gefährlich, sondern nett sind, und für das Monster Grendel in «Beowulf», dass sich als recht niedlich erweist. Hinter dem scheinbar Bösen steht aber immer das wahre Böse, dem es entgegenzutreten gilt. Und oft sind diese kleineren Übel sogar von zentraler Bedeutung für die Vernichtung des wahren und großen Bösen. So wie Gollum in der «Herr der Ringe»-Saga: Er ist es, nicht Frodo, der den Ring des Bösen schließlich im Feuer des Schicksalsberges zerstört.

Hilfe, ich will glauben!

Will man stärker glauben oder lieben oder wünschen, als man es tut, so ist das nicht minder schwer, als es für Luke war, seinen X-Flügler mit reiner Glaubenskraft aus dem Schlamm von Dagobar zu heben. «Ich kann es nicht glauben», sagt Luke, und Yoda erwidert: «Darum schaffst du es nicht.» Für mich als Kind war dies der mit Abstand stärkste Moment der ganzen Trilogie.

Die gleichen Schlüsselszenen finden sich auch in anderen Kinoepen, von der «Unendlichen Geschichte» bis zu «Matrix». Alles dreht sich um den Glauben. Diese Helden / Erlöser wollen glauben, aber sie schaffen es nicht, sie glauben ein bisschen, sie wollen stärker glauben, doch es gelingt ihnen nicht, ihren Geist von den empirischen Erfahrungen der Vergangenheit zu befreien. Welch seltsame Mythologie blüht in unserer Fiktion – in den Filmen, den Geschichten, die wir Menschen anderen Menschen über Menschen erzählen – gleich neben unseren naturwissenschaftlichen Annahmen über die Welt!

Soziale Science-Fiction: tausend Plateaus und Schizophrenie

Wenn wir theoretische Wissenschaft betreiben, begeben wir uns dabei nicht auf eine ähnliche Glaubensebene, wie wenn wir in die «Star Wars»-Welt eintreten? Koexistieren diese abstrakten Welten nicht, oft auch im Widerspruch zueinander, wie tausend Glaubensplateaus in ein und demselben Gehirn? Sind nicht beide Ebenen auf ihre Weise gleichermaßen fiktiv und gerade dadurch symbolisch fest mit unserer «wirklichen» Welt verbunden? Sind diese abstrakten theoretischen Konstruktionen, ganz gleich wie absurd, nicht sogar eher der Baustoff für unsere Welt und unsere Tatsachen als umgekehrt? Die Statistik ist das eine, die theoretische Erklärung dahinter etwas anderes. Zudem bringt die Theorie oft erst die Daten oder Fakten hervor. An Vampire oder Geister musst du zunächst glauben, um Angst vor ihnen zu haben. Hier beginnt die Welt der Mythen und des mehr oder weniger überzeugenden Erzählens.

Wenn wir «Star Wars» anschauen, *müssen* wir, zumindest für die Dauer des Films, glauben, dass es Laserschwerter, Reisen mit Lichtgeschwindigkeit, außerirdische Zivilisationen, die «Force» und so weiter geben kann. Wir halten uns vorübergehend in einer fiktiven Glaubenswelt auf. Als Kind überredete ich manchmal meinen Vater, die Filme zusammen mit mir zu sehen. Allerdings verdarb er mir immer wieder den Spaß, indem er Dinge sagte wie: «Das ist nicht möglich», «Das würde niemals fliegen» oder «So verhält sich Laserlicht nicht.» Natürlich hatte er recht. Nichts davon ist möglich, es ist alles Quatsch, von Anfang bis Ende. Aber – wir schauen es trotzdem gerne an, wir lassen uns trotzdem gerne auf diese *Möglichkeit* ein, weil *etwas* Wahres daran ist. Etwas Wahres, was uns der Denker-Künstler auf eine absurde Weise vermittelt (so ist es ja meistens in der Kunst). Vielleicht enthält das abstrakte Gemälde einer Vase mehr von der Vase als eine genaue Wiedergabe; dies zumindest behaupten ja viele Künstler und Kunstkritiker. Es geht um einen Bestandteil des Wirklichen, den wir in etwas Unwirklichem – wie zum Beispiel Sprache – ausdrücken.

Die Als-ob-Welt

Oft sagen wir: Das funktioniert in der Theorie, aber nicht in der Praxis. Der Großteil der Wirklichkeit aber verhält sich genau umgekehrt, er funktioniert in der Praxis (schwere Körper ziehen einander an), doch nicht in der Theorie (bis heute liegt keine stimmige Erklärung für die Schwerkraft vor). Konsistent ist die Wirklichkeit, unsere Theorien sind es nicht. Gäbe es in der Wirklichkeit selbst auch nur eine Inkonsistenz, würde die Wirklichkeit auseinanderfallen.

Die Welt der Theorie ist eine Als-ob-Welt. Wir sehen die Wirklichkeit hinter der Wirklichkeit (der Theorie) nicht unmittelbar, sondern sind auf einen Umweg angewiesen. Wir brauchen ein fiktives Gerüst, um zu «sehen» und zu verstehen. Unsere Theorien bauen wir mit geschlossenen Augen auf imaginären Annahmen auf. Wir *nehmen etwas an*, um Theorien zu entwickeln, mit denen wir die Welt begreifen. Eine Annahme ist ein vorübergehender Glaube (so, wie wenn wir vorübergehend an die «Force» glauben), von dem wir in dem Moment ablassen, in dem wir mit der Theorie (oder dem Film) fertig sind. Wir nehmen die Existenz bestimmter Akteure – Homo oeconomicus, Außerirdische – und bestimmter Kräfte – Markt oder «Force» – an, wenn wir uns auf dem Plateau der Wirtschaftswissenschaft beziehungsweise auf dem Plateau von «Star Wars» aufhalten. Das Geld ist ein Beispiel für einen rein spirituellen Glauben: Es kann nur so lange Bestand haben, wie die Menschen daran glauben, dass ein Stück Papier oder eine kleine runde Kupferscheibe den Wert 100 oder den Wert 5 haben.

Die meisten Filme aus dem Fantasy-Genre warten noch mit einem weiteren internen Scherz auf, nämlich der Figur des rationalen Zweiflers. Sei es ein Geisterfilm oder auch «Star Wars», immer gibt es einen, der nicht glauben will. Zumeist einen Soldaten, Polizisten oder eine ähnliche sinnbildlich für Ordnung stehende Figur; bei «Star Wars» ist es Han Solo. Statt einfach hinzunehmen, dass es Geister, Vampire oder die «Force» gibt, will diese Figur eine rationale Erklärung. Und wir, die wir den Film schauen, denken: Was für ein Narr, wie kann er bezweifeln, dass es die «Force», die Geister, die Vampire gibt? Der rationale Zweifler, über den wir uns für die Dauer des Films lustig machen, sind wir selbst. Wir finden unseren eigenen Mangel an Glauben beklagenswert.

Hippies, Samurai-Filme und Überlichtgeschwindigkeit – «Star Wars», die Zeitgeschichte, die Wissenschaft

Julian Baggini

Spätkapitalistische Supermarktspiritualität. «Star Wars» als weltanschauliche Frühstückspackung

Aus dem Englischen von Michael Ebmeyer

Um zu sehen, was an «Star Wars» philosophisch interessant ist, müssen wir hinter die Kinomythen und Jedi-Lehren blicken: auf die Unterschiede zwischen der Geschichte auf der Leinwand und der Geschichte jenseits der Leinwand und darauf, wie beide zu einer einzigen Erzählung verschmelzen. Diese Erzählung illustriert, wie die Gegenkultur der 60er Jahre in den amerikanischen Mainstream überging. Denn das ist das wahre *Tao* von «Star Wars», in dem das *Yin* der Spiritualität und das *Yang* des Materialismus zusammenfinden – nicht in einem Konflikt zwischen der hellen und der dunklen Seite der Macht, sondern in ihrer Vermählung.

Allzu viele lassen sich einlullen von der Jedi-Weisheit Yodas und Obi-Wan Kenobis, auch wenn es sich dabei bloß um einen küchenphilosophisch-spirituellen Gemischtwarenladen handelt. Das heißt nicht, dass ihre Lehren alle falsch wären. Doch ohne Anker in einer systematischen Weltsicht bleiben sie Plattitüden.

Yodas Spruch «Tu es oder tu es nicht – es gibt kein Versuchen» ist dafür exemplarisch. Er greift zurück auf das taoistische Konzept des *Wu Wei*, eine Art mühelosen Handelns. Ohne tieferes Verständnis dafür, was dies bedeutet, kommt er jedoch einem banalen Werbeslogan wie «Just do it» gleich.

Yoda bedient sich auch bei buddhistischen Doktrinen, besonders indem er das Prinzip der Nichtbindung predigt. «Lerne, alles loszulassen, was zu verlieren du fürchtest», sagt er. «Der Tod ein natürlicher Bestandteil des Lebens ist. Frohlocke und jauchze für diejenigen in deiner Nähe, die zur Macht übergehen. Sie betrauern tue nicht. Sie vermissen tue nicht. Enge Bindung führt zu Eifersucht.»

Diese Anweisung bleibt Wortgeklingel, George Lucas' Filmfiguren dürfen sie keineswegs befolgen. Die Nichtbindung ist eine viel zu asketische Lehre für ein westliches Actionkinopublikum, und so bleiben, den Worten des Jedi-Meisters zum Trotz, Lukes Familienbande zu Leia und Darth Vader ebenso wichtig wie Han Solos Liebe zur Prinzessin.

Da, wo Yodas Lehren keine verwässerte östliche Philosophie sind, kommen sie einfach als gnomenhaft verschrobenes «Positivdenken» daher. Wenn Luke sagt: «Ich kann es nicht glauben», dann erwidert Yoda: «Darum schaffst du es nicht»; als sei das Einzige, was man zum Erfolg im Leben bräuchte, an ihn zu glauben. Deshalb bekommt Luke bei seiner Ausbildung auch immer wieder zu hören, er solle «seine Gefühle benutzen» – nicht zusätzlich zu seinem Verstand, sondern stattdessen. Buchstäblich vor der Welt die Augen zu verschließen und nicht zu denken wird als Schlüssel zum richtigen Handeln dargestellt. Vielleicht hielt sich George W. Bush an Jedi-Methoden, als er den Krieg im Irak beschloss.

Wenn die Philosophie in «Star Wars» seicht daherkommt, geschieht das allerdings mit voller Absicht. Die Filme wurden für Leute gemacht, die in den Sechzigern aufwuchsen und nach Alternativen zu dem konsumorientierten Wertesystem suchten, das in den USA vorherrschte. Oft blickten sie dabei nach Osten und verklärten Denkweisen, die ihnen spiritueller und zugleich undogmatischer erschienen als jene protestantische Kultur, die sie umgab und durchdrang: «Die Macht ist ein Energiefeld, es umgibt uns, es durchdringt uns, es hält die Galaxis zusammen.»

Das Problem liegt darin, dass diese östlichen Denktraditionen in Wahrheit von großer Strenge und Entsagung geprägt sind. Mit Timothy Learys Mantra «turn on, tune in, drop out» lassen sie sich nicht in Einklang bringen. Zu glauben, dass «alles geht», und zugleich den harten Anforderungen von Buddhas edlem achtfachen Weg zu folgen ist unmöglich. Genau dies aber versuchten die westlichen Hippies.

Ihr Mangel an Verständnis für die Kulturen, die sie zu verehren vorgaben, nahm bisweilen groteske Formen an – wie etwa beim Konzert für Bangladesch, das George Harrison 1971 organisierte. Sobald Ravi Shankar und seine Band auf der Bühne die ersten Töne spielten, brach das Publikum in Jubel aus. Der Sitarspieler reagierte mit den Worten: «Wenn es euch so gut gefällt, wie wir unsere Instrumente stimmen, dann werdet ihr hoffentlich auch unsere Musik mögen.»

Ravi Shankars junge Fans im Westen widmeten der klassischen indischen Musik selten die Aufmerksamkeit und Konzentration, die sie verlangt, sondern nutzten sie als Hintergrundgeräusch zum Highwerden. Schon in Woodstock und Monterey hatte Shankar mit Grausen gesehen, wie die Massen «kreischten, brüllten, rauchten, masturbierten und kopulierten – und all das in drogenvernebeltem Zustand».

Es herrschte also eine gewisse Spannung zwischen dem Bedürfnis, sich vom westlich-materialistischen Denken loszusagen, und dem Wunsch, östlich-spirituelle Werte an dessen Stelle zu setzen. Denn Letztere erforderten eine Disziplin und Abkehr vom Individualismus, zu der das sinnsuchende Publikum gar

nicht bereit war. Gelöst wurde das Dilemma in klassisch markt-
wirtschaftlicher Weise: Gebt den Leuten, was sie wollen, zu dem
Preis, den sie zu zahlen bereit sind. Genug Spiritualität, um sich
den Materialismus erträglich zu machen, aber nicht so viel, dass
er wirklich in Frage gestellt würde.

So kalkulierte George Lucas gewiss nicht bewusst, als er den
philosophischen Kern von «Star Wars» entwarf. Er folgte einfach
dem Pfad, den viele aus seiner Generation eingeschlagen hatten, und suchte sich ein paar schlichte, beruhigende Glaubens-
sätze zusammen, die ein gewisses Gegengewicht zum bloßen
Streben nach Reichtum bilden konnten. «Die Religion und all das
wurde in eine Form gebracht, die für jeden leicht zu akzeptieren
war», erklärte er selbst im Jahr 2014. Das Schlüsselwort ist «leicht»:
Eine Generation, die an Supermärkte und Fertiggerichte gewöhnt
war, brauchte auch abgepackte Ethik und portionierte Weisheit.
Besonders angenehm ist, dass man sich um die Unterscheidung
von wahr und falsch oder gut und schlecht nicht selbst zu kümmern braucht. Denn die Lehren, die vermittelt werden, sind von
solcher Art, dass Menschen «überall auf der Welt» sagen können:
«Oh, genau daran glaube ich auch.» Lucas formuliert es explizit:
«Jeder drückt es anders aus, aber im Wesentlichen geht es darum,
nicht zu töten, Mitleid zu haben und die Menschen zu lieben. Das
ist es im Grunde, wofür ‹Star Wars› steht.»

An diese Erklärung zum Anliegen seiner Filme hält er sich
schon lange. So sagte er 1999: «Ich sehe ‹Star Wars› als einen Versuch, all die Themen aufzugreifen, die für die Religion wichtig
sind, und sie auf ein modernes und leichter zugängliches Konstrukt herunterzukochen.»

Lucas folgt mit seinem Großprojekt einem bewusst kindlichen
Ansatz, und die naiv-optimistische Überzeugung, dass alle Religionen wahr seien und bloß verschiedene Blickwinkel einnäh-

men, ist davon ein fester Bestandteil. Heute, da die «Star Wars»-Zuschauer der ersten Generation längst in mittleren Jahren sind und selbst Comicverfilmungen großenteils von Erwachsenen angeschaut werden, gerät oft in Vergessenheit, dass «Krieg der Sterne» eigentlich ein Film für Kinder war. Als solchen beschrieb ihn auch Lucas in einem Interview von 1977: «Wir wissen alle, dass wir die Welt zugrunde gerichtet haben und was für Fieslinge wir sind und wie verkommen alles ist. Da sagte ich mir, wir brauchen wirklich mal etwas Positiveres.» Lucas' Arznei gegen die bedrückte Stimmung seiner Zeit war ein Rückzug ins Kindliche, bei dem ihm das Publikum nur zu gerne folgte.

Dass die scheinbare Spiritualität von «Star Wars» in erster Linie dazu diente, Geschäftssinn in eine Räucherstäbchenwolke zu hüllen, wird noch deutlicher, wenn man auf die Vorgänge abseits der Filme selbst blickt. Nach dem Erfolg von «American Graffiti» erklärte sich die 20th Century Fox bereit, Lucas seinen «Weltraumwestern» zu finanzieren, und bot ihm ein deutlich erhöhtes Regiehonorar an. Doch er hatte andere Pläne. Er verzichtete auf die Erhöhung und sicherte sich stattdessen die Rechte an eventuellen Fortsetzungen des Films – und am Merchandising. Eine Dummheit, wie man damals glaubte.

Diese Richtung hat «Star Wars» für immer verändert. Allein im ersten Jahr nach dem Kinostart wurde «Krieg der Sterne»-Spielzeug im Wert von 100 Millionen Dollar verkauft. Mittlerweile beläuft sich die Summe auf über 12 Milliarden Dollar, während die «Star Wars»-Fortsetzungen 3,5 Milliarden Dollar an den Kinokassen eingespielt haben. Insgesamt hat die Lizenzierung der Marke «Star Wars» rund 27 Milliarden Dollar erbracht, von denen schätzungsweise 3 Milliarden an Lucas selbst flossen – bis ins Jahr 2012, als ihm Disney die Lizenzrechte für 4 Milliarden Dollar abkaufte.

Nichts von all dem war Zufall. Lucas betont, das Merchandising sei von Anfang an Teil seines Plans gewesen. «Einer meiner Beweggründe dafür, diesen Film zu machen, war, dass ich Spiele und Spielzeuge liebe und sie auch gerne selbst erfinde», erklärte er schon 1978. Zu diesen Erfindungen zählten dann C-3PO-Frühstücksflocken, Jedi-Bademäntel, ein Toaster und ein Schaumbad.

Lucas verkörpert also selbst das zentrale Paradox von «Star Wars»: Spirituelle Werte werden zusammen mit Markenprodukten an Leute verkauft, die Philosophien konsumieren wie Frühstücksflocken – abgepackt, vorgesüßt, und damit keine Schuldgefühle aufkommen, stehen noch ein paar fadenscheinige Gesundheitsinformationen auf der Packung. Wenn dieser Wahrheit nur wenige ins Auge sehen können, dann vielleicht, weil sie gelernt haben, stattdessen ihren Gefühlen zu vertrauen.

Für George Lucas war der kommerzielle Erfolg allerdings nie Selbstzweck. «Als Student in den Sechzigern wollte ich Filme machen, die gesellschaftlich relevant sind und die Dinge so zeigen, wie sie sind», sagte er 1980. Warum also hat er das nicht getan?

Viele Hippies waren deutlich konservativer, als ihr Aussehen und ihre Freude an der jugendlichen Rebellion vermuten ließen. Lucas hat Sozialpsychologie studiert, und er beschreibt dieses Fach als «eine Art Nebenzweig der Anthropologie und Soziologie – man betrachtet eine Kultur als lebendigen Organismus, um zu verstehen, warum sie tut, was sie tut.» Diese Worte sind bezeichnend, denn die Metapher von der Gesellschaft als Organismus ist vor allem bei konservativen Denkern beliebt. Sie legt nahe, dass wir in soziale Strukturen nicht groß eingreifen sollten; dass es Hybris sei, mit Systemen zu brechen, die uns doch gute Dienste geleistet haben, und etwas anderes, was uns vernünftiger erscheint, an deren Stelle setzen zu wollen. Kein Mensch kann menschliche Kultur besser entwerfen, als sie sich von selbst entwickelt, und in der Tradition liegt eine Weisheit, die höher ist als unser Verstand.

Lucas macht aus seiner im Grunde konservativen Gesinnung auch gar keinen Hehl: «Mir wurde klar, dass die jungen Leute wirklich haltlos waren – was wir nach dem Krieg an kulturellem Erbe aufgebaut hatten, war in den Sechzigern weggefegt worden, aber jetzt fühlte sich das nicht mehr groovy an, man saß einfach nur da und dröhnte sich zu. Ich wollte das bewahren, was es für eine bestimmte Generation von Amerikanern bedeutete, ein Teenager zu sein.»

Hier liegt der Schlüssel zur Anziehungskraft von «Star Wars». Im Gewand der Ersatzspiritualität scheint sich eine Alternative zur biederen, angelsächsisch-protestantischen Kultur des weißen Amerikas zu bieten. Doch im Kern ist die vermeintliche Alternative ebendiese Kultur selbst, in asiatische Mönchskutten gekleidet. Denn wer sind bei «Star Wars» die Helden? Ein alter weißer Mann mit Bart, eine jungfräuliche weiße Prinzessin, ein edler blonder Jüngling und ein ebenfalls hellhäutiger Robin-Hood-Charakter, eine Spielart des Cowboy-Outlaws, der sich auf die Seite des kleinen Mannes schlägt.

Was die übergreifende Botschaft der Filmreihe betrifft, zog Lucas im Jahr 1999 ein Resümee, das man sich konservativer kaum denken kann: «Am Ende wird Vader von seinen Kindern erlöst oder vielmehr dadurch, dass er Kinder hat. Denn darum geht es im Leben – sich fortzupflanzen und Kinder großzuziehen, und das sollte das Beste in uns zum Vorschein bringen.»

Lucas' Weltanschauung mag immer schon traditioneller gewesen sein, als sie der östliche Anstrich von «Star Wars» erscheinen ließ. Andererseits hatte er, wie gesagt, nicht vorgehabt, allein mit kommerziellen Filmen Karriere zu machen. In frühen Interviews äußerte er immer wieder den Wunsch, seine Gewinne zur Finanzierung experimenteller Projekte zu verwenden. Die Einnahmen aus «Krieg der Sterne», so erklärte er 1977, «werden der Grundstock sein für die anderen Dinge, die ich machen will. Die Richtung, in die ich jetzt gehen möchte, ist, Geschichten ohne Handlung zu erzählen und Emotionen zu schaffen, ohne dass man begreifen muss, was da passiert – durch rein visuelle und klangliche Beziehungen. Ich glaube, da tut sich eine ganze filmische Welt auf, die noch völlig unerschlossen ist.»

Ein Blick auf Lucas' Filmographie macht deutlich, dass aus diesem Plan nie etwas geworden ist. Zwar hat er ein paar Arthousefilme produziert, etwa Paul Schraders «Mishima – Ein Leben in vier Kapiteln», doch die Mainstream-Blockbuster überwiegen bei weitem. Regie geführt hat er nur bei sechs abendfüllenden Spielfilmen, und vier davon waren «Star Wars»-Filme. Seinen letzten Kurzfilm hat er 1971 gedreht.

Das hindert ihn nicht daran, noch heute in der Zukunftsform über seine künstlerischen Ambitionen zu sprechen: «Der Bereich, der mich jetzt interessiert, sind gewisse Formexperimente», sagte er 2006. «Ich habe mir meine persönliche kleine Subvention gegönnt und kann damit meine Dummheiten machen. Ich meine, ich bin alt genug und sozusagen im Ruhestand.»

Und wie sieht es acht Jahre später aus, im Jahr 2014? «Ich werde es mir so einrichten, dass ich in Chicago leben kann, in San Francisco leben kann, meine kleinen Kunstfilme machen, ein Museum bauen, mich um meine Tochter kümmern.»

Daraus muss man wohl schließen, dass Lucas von der Maschine, die er einst verachtete, schlicht aufgesogen wurde. «Das sind ziemlich schmierige, skrupellose Leute», sagte er 1980 über Hollywood. «Sie haben keine Ahnung, worum es beim Filmemachen geht. Für sie ist der Film bloß ein Deal. Von der Mühsal, von der harten Arbeit machen sie sich keinen Begriff. Sie sind keine Filmemacher, und ich möchte nichts mit ihnen zu tun haben.»

Das klingt nicht nach dem Mann, der seine Firma an Disney verkauft hat und dazu heute verkündet: «Es passt perfekt. Ich hatte wirklich das Bedürfnis, die Firma in einen größeren Rahmen einzubetten, in dem sie geschützt ist.»

Das ist der Weg, den viele junge Idealisten gehen. Sie entscheiden sich, das Geld erst einmal anzunehmen, aber nur als Mittel zum Zweck. Dann werden sie das tun, was sie *wirklich* wollen. Dieses *dann* ist aber immer *mañana* – manchmal weil sie in der Tretmühle des Arbeitslebens steckenbleiben, manchmal weil ihnen klar wird, dass Geld anzuhäufen und ein angenehmes Leben zu haben doch das ist, was sie wirklich wollen, und manchmal eine Mischung aus beidem.

Natürlich kann man die spätkapitalistische Supermarktspiritualität von «Star Wars» auch wohlwollender betrachten. Vielleicht ist für uns heutige Menschen der reine Materialismus zu oberflächlich und die altmodische Religion zu weit weg von der Wirklichkeit unseres endlichen, triebhaften Lebens. Vielleicht ist der faule Kompromiss, den «Star Wars» verkörpert, tatsächlich die beste Wahl. Die Macht ist mit – nun ja ... mit der Macht.

Ich hoffe, das stimmt nicht. Manche von den «Star Wars»-Filmen kann ich genießen und finde, sie bieten eine mythische Ebene, die für Kinder durchaus interessant ist. Doch wir sollten nicht vergessen, dass diese Ebene auf Kinder zugeschnitten ist. George Lucas selbst ist in der «Star Wars»-Welt hängengeblieben. Und auch wenn es zweifellos üblere Orte gibt, an denen man feststecken kann, sollten wir dennoch hoffen, dass uns das nicht passiert.

Thomas Groh

Play it Again, Ben!
Zeit- und filmhistorische
Bezüge in «Star Wars»

Für Katharina

«A long time ago in a galaxy far, far away ...» Folgt man einem zwar gängigen, doch sehr unscharfen Verständnis von Science-Fiction, dem zufolge das Genre einen spekulativ-prognostischen Blick in die Zukunft wagt, dürften diese Textzeilen, mit denen jeder Film der «Star Wars»-Saga traditionell einsetzt, auf das Publikum von 1977, als der Film noch ohne Episodennummer und Titelergänzung «A New Hope» in die Kinos kam, eine verblüffende Wirkung gehabt haben. Die in der deutschen Übersetzung mit dem Rückgriff auf die für Sagen und Märchen prototypische Wendung «Es war einmal vor langer Zeit» noch bekräftigte Positionierung des Geschehens in einer als vage und vorhistorisch gekennzeichneten Vergangenheit beißt sich als impliziter Hinweis auf den mythenhaften Charakter der folgenden Erzählung mit der gängigen Auffassung, dass zu den Herausforderungen des Genres eher die Plausibilisierung technologischer Wunder zählt. Auch der Hinweis auf die historische Dimension der Geschichte wirft im Hinblick auf das Genre Rätsel auf. Mit der weit entfernten Galaxis immerhin lässt es sich im Zusammenhang von Science-Fiction so weit gut leben.

Für Science-Fiction-Kenner könnten diese vorangestellten

Textzeilen eine Art Warnhinweis darstellen: Darüber, dass hier weder die harte Science-Fiction mit ihren technologischen Extrapolationen und einem Personal, das sich aus Wissenschaftlern, Pionieren und anderen Teufelskerlen rekrutiert, zu ihrem Recht kommt noch die sich seit den 60er Jahren konstituierende «New Wave of Science Fiction», die nicht den großen Helden im weiten «Outer Space» zeigt, sondern sich auf den «Inner Space» und gesellschaftliche Aspekte verlegt und sich dabei mitunter experimenteller Formen aus dem Fundus der modernen Literatur bedient. Der schnelle Blick auf den Inhalt könnte solche Vorbehalte noch bekräftigen: Eine Geschichte von bärtigen Zauberer-Einsiedlern, bösen Herrschern und zu rettenden Prinzessinnen mag noch so sehr im Weltall angesiedelt sein – in Wahrheit handelt es sich dabei vermutlich bloß um epigonale Fantasy aus banaleren «Sword & Sorcery»-Gefilden, ja möglicherweise sogar um die regressive Version einer durch J. R. R. Tolkien und Michael Moorcock längst überwundenen Ausformung des Genres. Laserschwert hin oder her.

Im hartnäckigen Insistieren darauf, dass die folgende Erzählung Aspekte einer als vorhistorisch apostrophierten, mythisch aufgeladenen Vergangenheit auf märchenhafte Weise zur Darstellung bringt, verbirgt sich vielleicht aber auch ein Schlüssel anderer Art, der über ein bloßes Märchen-Apropos hinausweist. «Das ist kein Film über die Zukunft», merkt Regisseur und Franchise-Mastermind George Lucas in einem kurz nach der Weltpremiere 1977 im «Time Magazine» veröffentlichten Interview dazu an. «‹Star Wars› ist Fantasy und hat eher mit den Brüdern Grimm als mit ‹2001: Odyssee im Weltraum› zu tun. Mir ging es mit diesem Film vor allem darum, den jungen Leuten ein aufrichtiges, allumfassendes Phantasieleben von jener Sorte zu schenken, wie es auch meine Generation hatte. Wir hatten Western, Piratenfilme, all diese großartigen Sachen. Heutzutage haben sie ‹Der Sechs-Millionen-Dollar-Mann› und ‹Kojak›. Wo ist da die Romantik geblieben, das Abenteuer und der Spaß, den man früher mit praktisch jedem Film haben konnte?»

Gegenwart wird, von der Zukunft ganz zu schweigen, von «Star Wars» mit enormem Misstrauen und als krisenhaft und problematisch wahrgenommen. Die erste Aussage des Films im sich direkt anschließenden Lauftext des ikonischen «Opening Crawl» unterstreicht diese Markierung: Hat die deutsche Übersetzung – «Es herrscht Bürgerkrieg» – noch bloßen Informationscharakter, weist der Originaltext eine zeitdiagnostische Facette auf: «It is a period of civil war.»

Vietnamniederlage, die Krise in den USA und die Krise in Hollywood

«Star Wars» tritt im Jahr 1977 in mehrfacher Hinsicht als Krisenfilm auf. Nicht zuletzt handelt es sich um ein Dokument der Trauer darüber, dass die großen Schlachten schon geschlagen sind, die goldenen Zeitalter in der Vergangenheit liegen, die alten Helden vergessen sind und die Geschichte sich in Form von Splittern und Geröll zeigt, während sich die Gegenwart als von Konflikten, Krisen und drastischen Gegensätzen besetzt zeigt. George Lucas' ästhetische Entscheidung, für «Star Wars» nicht auf den sterilen Look vieler Science-Fiction-Filme zurückzugreifen, sondern ein vor Öl, Schmutz und Motorfett strotzendes, abgenutztes und in seinem Texturreichtum sehr taktiles Erzähl-Universum zu zeigen, unterstreicht dies ebenso wie der stete Verweis auf eine vage Vorgeschichte, in der die Kriegerkaste der Jedi-Ritter sich «idealistischen Kreuzzügen» anschloss und damit das Geschick der Galaxis in (noch) nicht näher erklärten «Klonkriegen» austrug. In der erzählten Gegenwart des Films sind die Jedi unterdessen vergessen und bloß anekdotisches Material aus dem Fundus eines alten Mannes, des letzten Jedi Obi-Wan «Ben» Kenobi. Dieser fristet ein Einsiedlerleben im Verborgenen auf einem Wüstenplaneten, der, wie es an einer Stelle heißt, vom «hellen Zentrum» des Universums «am weitesten weg» ist.

Der Produktion von «Star Wars» im Jahr 1976 waren seit 1973 langwierige Konzept- und Drehbuchvorarbeiten vorangegangen. Diese fielen in die Zeit des Waffenstillstands zwischen den USA und Nordvietnam sowie der vollständigen Eroberung Südvietnams durch die kommunistische Nationale Befreiungsfront Nordvietnams im Jahr 1975, mit der die Niederlage der technologischen Supermacht USA gegenüber einer aus dem Verborgenen heraus operierenden Guerillagruppe historisch besiegelt wurde. Schon die Asymmetrie dieses Kräfteverhältnisses und deren unwahrscheinlicher Ausgang birgt einen entscheidenden Strukturimpuls für den ersten, in seiner Konstellation sehr ähnlich angelegten «Star Wars»-Film. Indem Lucas die historische Niederlage in Vietnam in einen Triumph der eigenen Seite umwandelt, nimmt er mit den Mitteln der Allegorie bereits einiges von dem vorweg, was die prototypischen Vietnam-Kriegsfilme der «Rambo»- und «Missing in Action»-Reihe in den 80er Jahren programmatisch umsetzen sollten: die Leugnung eines traumatisierenden Ereignisses, die projektive Verkehrung in ihr Gegenteil und die Rekonstruktion eines glorreichen Selbstbildes.

Darüber hinaus markiert die Niederlage in Vietnam auch den Schluss- und Tiefpunkt einer langwierigen Phase der politischen Depression und Krise im Innern der USA. Diese beginnt 1963 mit der Ermordung John F. Kennedys und setzt sich 1968 mit der Ermordung Martin Luther Kings sowie der Eskalation im umstrittenen außenpolitischen Abenteuer des Stellvertreter- kriegs in Vietnam fort. Episoden wie das Festival in Woodstock im August 1969 stellten zwar Hoffnung auf Linderung in Aus- sicht; die aber löst sich nicht nur mit der brutalen Niederschla- gung der Studenten- und der schwarzen Bürgerrechtsbewegung, sondern auch mit den etwa zeitgleich stattfindenden Morden der Manson Family und dem gewaltsamen Ende des ursprüng- lich als zweites Woodstock konzipierten «Altamont Free Concert» im Dezember 1969 auf. Dort wird der Afroamerikaner Meredith Hunter während des Auftritts der «Rolling Stones» von einem «Hell's Angels»-Mitglied vor den Augen der Band erstochen. «It is a period of civil war.» – Es mögen solche Eindrücke sein, die für George Lucas, Jahrgang 1944, den Fundus an Erfahrungen bilden, aus dem er für «Star Wars» schöpft.

Einher geht dieses gesellschaftliche Klima mit einer sich seit geraumer Zeit ankündigenden handfesten wirtschaftlichen Krise der Traumfabrik Hollywood, des für das Selbstbild der USA wahrscheinlich wichtigsten landeseigenen Industriezweigs. Bereits der sogenannte «Paramount Act» im Jahr 1948 zerschlägt die vertikale Integration der Studios, die bis dahin noch jeden Schritt – von der Produktion über die Distribution bis zur Auffüh- rung – ihrer Filme kontrolliert hatten. Die Flucht der Baby-Boom- Familien aus den kinoreichen Innenstädten in die kinoarmen Vorstädte sowie der Siegeszug des Fernsehens in den 50er Jahren lassen die Zahl verkaufter Tickets erheblich sinken, was eine reak- tive Wiederaufnahme an sich überkommener Hollywood-Genres in immer monumentaleren Darreichungsformen nach sich zieht: Es ist die Zeit der großen Hollywood-Epen im Breitbildformat. Eine Strategie zur Publikumsvermehrung, die jedoch spätestens ab Mitte der 60er Jahre ein kreatives Vakuum spüren lässt, das die nachwachsende, mittlerweile an den Universitäten eingeschriebene, Pop- und Rockmusik hörende Baby-Boomer-Generation zusehends auf Distanz gehen lässt. Mit fortschreitender Überalterung der alteingesessenen Produzenten, Regisseure und Stars kommt Hollywood nicht nur die Nähe zum Puls der Zeit abhanden, sondern auch die wirtschaftliche Substanz. Die Industrie, die bis dahin wie keine zweite für kompromisslose Populärkultur stand, droht in der Vorgestrigkeit zu versinken.

Eine Krise, die die ersten Studenten der neugegründeten Filmdepartments der Universitäten für sich nutzt: Industriefern ausgebildet, aber mit exzellenten filmhistorischen Kenntnissen ausgestattet, preschten die sogenannten «Movie Brats» rund um Francis Ford Coppola, Martin Scorsese, Peter Bogdanovich, Steven Spielberg und George Lucas in die entstehenden Lücken. Die Filme werden kleiner im Format, künstlerisch avancierter, melancholischer, realistischer und in Anlehnung an das moderne europäische und asiatische Kino stilistisch persönlicher. Im direkten Vergleich zum einstigen Hollywood-Glitzer aber auch weniger glamourös, weniger eskapistisch, weniger ironisch. Die satten Primärfarben des klassischen Technicolor-Verfahrens weichen einem realistischeren Register, dessen erdigere Farbtöne auf grobkörnigerem und lichtempfindlicherem Material besser zu den Filmen des heute «New Hollywood» genannten Komplexes passen.

Seinen vielleicht genuinsten Ausdruck erfährt diese Filmbewegung im Road Movie: Filme wie «Bonnie und Clyde» (1967), «Easy Rider» (1969), «Five Easy Pieces» (1970), «Two Lane Blacktop» (1971), «Badlands» (1973) und «Paper Moon» (1973) laden die uramerikanische Begeisterung für individuelle Mobilität mit dem Motiv der melancholischen Sinnsuche auf. Was im klassischen Hollywood zugunsten erzählerischer Verdichtung ausgeblendet wird – etwa der Leerlauf der langen Reise –, wird in «New

Hollywood» zu einem Faszinosum eigenen Rechts: Landschaften sind hier nicht mehr epische Kulissen dramatischer Abenteuer, sondern bilden eine konkrete Herausforderung für eine orientierungslos zwischen Freiheitsversprechen und existenzialistischer Sinnleere brütenden Generation, die in einem unversöhnlichen Verhältnis zur älteren Generation steht. «New Hollywood» ist tatsächlich «on the road».

In dieser Hinsicht bildet «Star Wars», neben Spielbergs «Der weiße Hai» (1975), die initiale Kernzündung des bis heute für die Industrie zentralen postklassischen Event-Blockbusters, eine Art Bilanz und Endpunkt «New Hollywoods»: Die Prominenz karger Landschaften, die Melancholie des jugendlichen, vaterlosen Farmerjungen Luke Skywalker und die Fetischisierung von Mobilität und Geschwindigkeit – überhaupt von Fortbewegungsmitteln aller Art – lassen «Star Wars» eher als Spätausläufer der Road Movies der «New Hollywood»-Generation im Gewand einer «Space Opera» erscheinen und weniger als Wiederaufnahme der technologischen Utopien des Science-Fiction-Kinos. Dem entspricht auch die fragmentierte, offene Erzählweise des Films, dessen Erzählkosmos samt dramaturgischem Telos sich erst langsam anhand episodischer Partikel und über Nebenfiguren herausschält, während die Hauptfiguren nach und nach in den Mittelpunkt rücken – eine Erzählstrategie allmählicher Konturierungen, die «Star Wars» ebenfalls näher an die Filme von Lucas' Altersgenossen und Freunden rückt.

Nach der von hohen künstlerischen Ambitionen und enormem Stillwillen geprägten Science-Fiction-Dystopie «THX 1138» (1971) dreht George Lucas als zweiten Langfilm den überraschenden Kinohit «American Graffiti» (1973), dessen immenser Ertrag seinem Macher die zur Konzeption und Umsetzung von «Star Wars» erforderliche finanzielle Unabhängigkeit und künstlerisch souveräne Position gegenüber den Studios einbringt. Bereits in diesem Film beschwört Lucas, hier noch mit den Mitteln des Pastiche, den nostalgischen Geist einer Zeit «a long time ago» und sehnt sich im Jahr der absehbaren Vietnam-Kapitulation in die Zeit der eigenen Adoleszenz zurück, namentlich ins Jahr 1962, das in diesem Rückblick als der letzte unbeschwerte Moment vor einer historischen Zeitenwende erscheint. Lucas zeigt das Jahr 1962 als eine in ihren Konflikten überschaubare Zeit des relativen Wohlstands mit abendlichen Autofahrten, jugendlichen Flirts und viel Musik – eine Zeitkapsel, deren beharrlich insistierende, melancholische Überhöhung der Insignien, Moden und Verhaltensweisen einer untergegangenen Welt schmerzlich bewusst werden lässt, dass zwischen Lucas' historisch verwehter, von der allgegenwärtigen Rock-'n'-Roll-Musik wie von einem Kokon ummantelter Welt und dem Entstehungsjahr des Films die politischen Zerreißproben und das traumatisierende Vietnam-Debakel liegen. Betrachtet man Lucas' Filme aus den 70er Jahren als eine Suche nach der verlorenen Zeit, so versucht sich der Regisseur in «American Graffiti» noch mit melancholischem Schmelz an einer nostalgischen Rekonstruktion, die für ein letztes Mal die Intaktheit einer untergegangenen Welt heraufbeschwört.

Demgegenüber liegt die Welt in «Star Wars» gründlich in Splittern und Trümmern. Gemäß Lucas' eingangs zitierter Programmatik, dass er der nachfolgenden Generation etwas wiederschenken wolle, was vor den 60er und 70er Jahren selbstverständlicher Bestandteil einer Jugend «at the movies» war, lässt sich «Star Wars» auch als Versuch eines Neuanfangs nach dem Vorbild von Phoenix aus der Asche begreifen: Der Vietnam-Krieg ist verloren, das gesellschaftliche Klima schwer beschädigt, Hollywood bringt keine «larger than life»-Abenteuer mehr hervor – doch mit «Star Wars» legt Lucas Balsam auf alle geschlagenen Wunden. Und dies in vielerlei Hinsicht gerade nicht im Modus der Leugnung, sondern in Form einer Auseinandersetzung mit einer Erzählwelt, deren Anhäufung von beschädigten, beeinträchtigten, rustikal oder gleich ganz obsolet anmutenden Technologien – «die Mühle ist ja nur Schrott», stellt etwa Luke Skywalker an einer Stelle entgeistert über Han Solos «Rasenden Falken» fest – geradezu metaphorischen Charakter annimmt. Über nicht unbeträchtliche Strecken wirkt «Star Wars» wie im Innern der Bastelgarage eines Automechanikers mit ansehnlichem Ersatzteillager entstanden. Lucas ist in seiner Jugend selbst Autobastler und -fanatiker und liest Ersatzteile und Splitter auf. Mit seinem «abgenutzten» Erzähluniversum folgt Lucas nicht bloß den Maßgaben eines neuen, auf ästhetische Glaubhaftigkeit zielenden und sich also von der entlarvenden Kulissenhaftigkeit früherer Filme abgrenzenden Science-Fiction-Kinos, wie es Stanley Kubricks «2001: Odyssee im Weltraum» ausgerufen hat. Es entspricht ebenso seiner historischen Selbstverortung im eingangs skizzierten Sinne.

Die Grundstruktur der Geschichte folgt dabei den Vorgaben des von Joseph Campbell nach intensiver Auseinandersetzung mit den Mythologien zahlreicher Kulturen freigelegten «Monomythos der Heldenreise». Insbesondere in Hollywood erweist sich Campbells kulturhistorische Studie «Der Heros in tausend Gestalten» als Dauerbrenner: Die darin identifizierten Passagen des Monomythos bilden das narrative Rückgrat zahlreicher Filme, sein Werk zählt seit geraumer Zeit zum Curriculum für angehende Drehbuchautoren.

Das große Zitieren

Lucas orientiert sich jedoch nicht bloß an abstrakten, kultur-übergreifenden Strukturelementen, sondern bedient sich in «Star Wars» auch beherzt am filmhistorischen Fundus, aus dem er als Filmstudent und enthusiastischer Besucher der in den 60er Jahren in zahlreichen Universitäten entstehenden 16-mm-Film-clubs noch privilegierter als viele seiner Zeitgenossen schöpfen kann. Erfunden hat Lucas das Zitatekino indes nicht: Bereits die klassischen «Abbott & Costello»-Parodien der 40er und 50er Jahre setzten ein Publikum voraus, für das der regelmäßige Kinobe-such selbstverständlich war. In «Außer Atem» (1960) orientiert sich Jean-Luc Godard maßgeblich am amerikanischen Gangster-B-Film und lässt Jean-Paul Belmondo Marotten von Humphrey Bogart – wenn auch bewusst verfälscht – nachstellen. Und Sergio Leones zitategetränkter Western «Spiel mir das Lied vom Tod» (1968) bildet geradezu eine Art enzyklopädische Genre-Rückschau. Doch wo Godard den Zitatecharakter mitunter konkret hervortreten lässt, suchen «Spiel mir das Lied vom Tod» und nach dessen Vorbild auch «Star Wars» nach einer in sich geschlossenen Form. Beide absorbieren den filmhistorischen Reichtum und arbeiten am eigenen monolithischen Status. Hierin unterschieden sich die beiden Filme im Übrigen auch vom postmodernen Pop-Cinema eines Quentin Tarantino, wenngleich sie als dessen Stichwortgeber dienen. Doch Tarantino operiert von einer historischen Position aus, an der ein systematischer, nutzersouveräner Zugriff auch auf entlegene Bereiche der Filmgeschichte in einer dank Kabelfernsehen und Homevideo ausdifferenzierten Medienkultur nicht nur möglich, sondern auch wahrscheinlich ist. Leone und Lucas hingegen arbeiten noch unter den Bedingungen eines Kinos, dessen verstreute Historie für das Publikum weit weniger selbstverständlich in greifbarer Nähe vorliegt.

Eines der vielen Genusspotenziale des prinzipiell polysemisch angelegten, also auf vielfältigen Ebenen les- und rezipierbaren postmodernen Kinos, das sich seit den 80er Jahren fest etabliert hat, stellt die Wiedererkennbarkeit von Zitaten als solche dar. In «Star Wars» ist diese Facette zwar angelegt, entwickelt aber keinen drängenden Charakter. Was sich etwa auch darin zeigt, dass einige eingefleischte Fans zwar über ein Detailwissen selbst noch über solche Figuren verfügen, die lediglich im erweiterten Erzählkosmos der flankierenden Comics und Romane auftreten, mitunter aber nur eine vage Kenntnis davon besitzen, dass George Lucas weite Teile seiner Geschichte aus «Die verborgene Festung» des japanischen Großmeisters Akira Kurosawa aus dem Jahr 1958 entlehnt hat.

Mit diesem Rückgriff reiht sich Lucas in eine lange Reihe wechselseitiger Komplimente zwischen dem amerikanischen und dem japanischen Kino ein: Kurosawa beispielsweise, neben Kenji Mizoguchi und Yasujiro Ozu einer der zentralen Meisterregisseure des japanischen Nachkriegskinos, transponierte Stil und Ästhetik von John Fords Westernklassikern in sein Samurai-Kino. Dieses wiederum diente zunächst dem amerikanischen Western («Die glorreichen Sieben», 1960, ein Remake von «Die sieben Samurai», 1954), dann dem italienischen («Für eine Handvoll Dollar», 1964, ein Remake von «Yojimbo – Der Leibwächter», 1961) als Blaupause, bevor schließlich George Lucas Kurosawas Samurais in einen Western vor Weltallkulisse verlegte.

Nachdem Kurosawas zwar künstlerisch erfolgreiche Filme «Das Schloss im Spinnwebwald» und «Nachtasyl» (beide aus dem Jahr 1957) an den Kinokassen unter den Erwartungen blieben, setzte er 1958 für seinen ersten Breitbildfilm «Die verborgene

Festung» auf einen komödiantisch unterfütterten Abenteuerstoff im Gewand des für Kurosawa typischen «*jidai-geki*». So lautet die japanische Bezeichnung für historische Kostümfilme, der George Lucas den in englischer Aussprache zum Verwechseln ähnlich klingenden Begriff «Jedi» entnommen haben soll. Aus der Perspektive zweier tölpelhafter Kleinkrimineller, die nach der Niederlage einer Armee, in deren Dienst sie sich gestellt hatten, durchs Land ziehen, erzählt «Die verborgene Festung» von dem alten General Makabe Rokurota (Toshiro Mifune), der einen Goldschatz bergen will und zu diesem Zweck die Prinzessin Yuki Akizuki (Misa Uehara) durch feindliches Terrain geleiten muss. Als Gegenspieler erweist sich General Tadokoro (Susumu Fujita), ein alter Weggefährte von Makabe, der die Seiten gewechselt hat.

Die zahlreichen Parallelen sind bereits in dieser knappen Zusammenfassung unschwer zu erkennen: Die beiden unterprivilegierten Gauner, deren Perspektive den Film strukturiert, kehren bei Lucas als R2-D2 und C-3PO wieder, deren Odyssee in den Kriegswirren den Plot von «Star Wars» in Gang setzt. Selbst ihre zeitweise Trennung voneinander samt jubilatorischer Wiederbegegnung in der Gefangenschaft der Jawas ist schon bei Kurosawa angelegt. Der Plot um Prinzessin Yuki – die wie Leia als aufmüpfig-auftrumpfende Frauenfigur angelegt ist – ähnelt der Befreiungsaktion im Todesstern, wenngleich Lucas die Figur des Makabe auf Obi-Wan Kenobi und Han Solo aufteilt und Luke Skywalker als autobiographisch eingefärbte Figur hinzudichtet. Das Motiv der konfrontativen Wiederbegegnung mit einem alten Freund nach langer Zeit spiegelt sich im schicksalhaften Duell zwischen Obi-Wan Kenobi und Darth Vader.

Neben diesen allgemeinen Plotmerkmalen erweist sich Kurosawas Werk auch in kleineren Details als Inspirationsquelle: Der heute als charakteristische «Star Wars»-Stilistik geltende Wischeffekt, der Szenenwechsel oder zeitliche Raffungen markiert, findet sich nicht nur schon in den «Flash Gordon»-Serials der 30er Jahre, sondern auch als hervorstechendes Stilmittel bei Kurosawa. Wenn sich Han Solo und Co. im Boden des «Rasenden Falken» verstecken, entspricht dies einer Szene aus Kurosawas «Yojimbo», dem im Übrigen auch das in den «Star Wars»-Filmen irritierend häufige Abschlagen von Gliedmaßen entnommen ist. Auch die äußerliche, in frühen Konzeptzeichnungen noch deutlicher an japanische Rüstungen erinnernde Gestalt von Darth Vader, das an fernöstliche Spiritualität erinnernde Konzept der geheimnisvollen «Macht», die im Zeitalter von interstellaren Reisen und Laserwaffen merkwürdige Fixiertheit auf den antiquierten Schwertkampf und nicht zuletzt die Jedi-Ritter selbst als Wiedergänger der Samurai stellen Korrespondenzen zum fernöstlichen Unterhaltungs- und Autorenkino dar.

Doch geht «Star Wars» nicht allein in dieser Hommage auf. Vielmehr schlägt sein dichtes Referenzsystem zahlreiche weitere Verbindungen ins Unterholz der Filmgeschichte, wo es mitunter seltsame Blüten treibt. Bereits die Form des heute oft mit «Star Wars» verbundenen «Opening Crawl», der das Erzählszenario jedes «Star Wars»-Films eingangs in groben Zügen umreißt, stellt einen Rückgriff auf eine Erzählstrategie der früher im regelmäßig wiederkehrenden Turnus gezeigten, heute als Vorläufer der Fernsehserien geltenden Kino-Serials dar. Mit solchen in die Tiefe des Bildes ziehenden Fließtexten setzten die frühen filmischen «Space Operas» «Flash Gordon» (1936–1940) und «Buck Rogers» (1939) ihr Publikum nach «Was bisher geschah»-Manier über den Stand der Dinge in Kenntnis. Die ab «Das Imperium schlägt zurück» eingeführte, zunächst irritierende Episodennummerierung, die aus dem zweiten Film den fünften machte und den ersten nachträglich zum vierten erklärte, speist sich ebenfalls aus der Logik der Serialisierung dieser Filmkonzeption, deren einzelne Folgen immer nur einen Ausschnitt aus einer übergeordneten Erzählung boten und mit addiktiven Strategien wie Ciffhangern auf Publikumsbindung zielten.

Der Rückgriff auf diese naive, «unschuldige» Form der Kinounterhaltung erfolgt bei Lucas genauso programmatisch wie seine kontraintuitive Verquickung der «Space Opera» – und damit einer Form von Science-Fiction, die seinerzeit noch der Ruch trivialer, knabenhafter Abenteuerliteratur umwehte – mit Markierungen des Hochkulturellen: dem gravitätisch um Mythenbildung bemühten Tonfall der Erzählung, John Williams' am Idiom Richard Wagners orientiertem Soundtrack oder auch der handwerklichen Detailarbeit an sich, die angesichts der bis dato als «silly» geltenden Form der «Space Opera» als vergeudete Liebesmüh erscheinen mochte. Lucas transplantiert die ästhetischen Sensibilitäten des «New Hollywood»-Kinos in eine überkommene Form des Unterhaltungskinos und bestückt seinen Film darüber hinaus in den prominenten Positionen mit einem Personal, das an Glanzzeiten des Hollywood-Epos (Sir Alec Guinness als Obi-Wan Kenobi) ebenso denken lässt wie an den britischen Gruselfilm der 60er Jahre (Horrofilm-Ikone Peter Cushing als Wilhuff Tarkin), deren knarzend-gespreiztes Idiom zumindest für amerikanische Ohren noch ein sanft exotisches Flair in den Film trägt.

Neben diesen Bezugnahmen bietet «Star Wars» insbesondere Bildzitate-Forschern reichhaltiges Material: Episoden wie in der Mos-Eisley-Cantina entspringen den Saloonszenen des Westerns, aus dem auch Han Solo als lässiger Draufgänger und Antiheld stammt. Eine in vielen Western anzutreffende Standardszene ist zum Beispiel jener Moment, in dem Han Solo dem Bartender zur Kompensation für «die Sauerei» nach dem (von einer Leone-Szene inspirierten) Shootout eine Münze zuwirft. Die zahlreichen

Luftkämpfe und insbesondere die Auseinandersetzungen um den Todesstern folgen in Kadrierung und Schnittfolge mitunter exakt den Vorbildern des klassischen Kriegsfilms wie «Die Brücken von Toko-Ri» (1954) und «Mai '43 – Die Zerstörung der Talsperren» (1955), während die dramatische Abgrundszene auf der Flucht vor den Sturmtruppen einer ähnlichen Szene aus Ray Harryhausens Fantasy-Klassiker «Sindbads Siebente Reise» (1968) nachempfunden ist.

Dazu gesellen sich offensichtliche Entlehnungen aus Fritz Langs 1927 entstandenem «Metropolis» (C-3PO) und Stanley Kubricks «2001: Odyssee im Weltraum» (der überwältigende «Opening Shot» unter dem Sternenzerstörer). Bis hin zur – reichlich ungute Assoziationen weckenden – Anschmiegsamkeit an Leni Riefenstahls Nazi-Propagandafilm «Triumph des Willens» (1935), dem sich der Epilog in «Star Wars» minutiös angleicht: «A long time ago» und «far away».

Zu Lucas' großen Leistungen zählt es, dies enorm dichte, hier nur umrissene System aus Zitaten, Reverenzen und Anspielungen zusammenzuhalten, ohne dass die Nähte sichtbar werden und der Film sich auf karnevalistisches Zitate-Erkennen beschränkt. Mehr noch: In einer Phase der Krise des Unterhaltungskinos gelingt es Lucas in einem bemerkenswerten Balanceakt, diese mitunter höchst ungleichen Splitter zu bündeln und Boden für eine heute wesentliche Säule des postklassischen Kinos zu gewinnen. Der Krisenhaftigkeit seiner Gegenwart setzt Lucas' nicht einfach nur muskulösen Mehraufwand entgegen wie einst das alte Hollywood angesichts schwindender Zuschauerzahlen. Vielmehr finden gesellschaftliche, politische und kulturelle Krisen in «Star Wars» direkten ästhetischen Niederschlag. Der Film bietet damit im Guten wie im Schlechten Krisen- und Konstitutionskino. Er zeigt, was einmal in tiefer, gleichsam vorhistorischer Vergangenheit gewesen ist, schärft das Bewusstsein für den eigenen historischen Ort und formuliert einen triumphalen Weg aus der Krise heraus: Die Geburt des Gegenwartsblockbusterkinos aus dem Geiste «New Hollywoods» und aus dem japanischen Samurai-Film.

Auch am Trauma Vietnam wird dabei gearbeitet: Nicht nur kehren der Dschungelkrieg und der «Vietcong» in den 80er Jahren in Form der niedlichen Ewoks auf dem Waldmond Endor wieder. Auch Ronald Reagans auf Satelliten zur Abwehr von Raketenangriffen basierende Strategische Verteidigungsinitiative (SDI) wurde ab 1983 im Nu begrifflich mit «Star Wars» in Verbindung gebracht. Das SDI-Programm legt beredt Zeugnis ab vom neuen Selbstbewusstsein der USA, deren nach außen wiedererstarktes Auftreten unter Reagans Präsidentschaft die linksliberale Presse entsprechend oft mit dem Namen des zweiten «Star Wars»-Films belegte: «Das Imperium schlägt zurück» – ein weiterer Beleg dafür, wie tief sich «Star Wars» in die kulturelle DNA seiner Gegenwart eingeschrieben hat.

Und die Folgen ...

Die Folgen von «Star Wars» zeigten sich rasch und wirken bis heute nach. Der gigantische kommerzielle und kulturelle Erfolg belebte das Interesse an aufwändigen «Space Operas»: Nicht nur die vor allem im Fandom als Konkurrenz-Franchise wahrgenommene «Star Trek»-Reihe profitierte ironischerweise von den durch «Star Wars» geschaffenen vergünstigten Bedingungen für den Sprung vom Fernsehen ins Kino. Auch die in einigen Märkten sogar fürs Kino aufbereiteten Serien «Kampfstern Galactica» (1978–1980) und «Buck Rogers» (1979–1981) profitierten als deutlich erkennbare Anlehnungen von dem Trend. Daneben begünstigte der «Star Wars»-Erfolg auch die Disneyproduktion «Das schwarze Loch» (1979), den James-Bond-Film «Moonraker» (1979) und die bewusst auf Trash und Camp zielende «Flash Gordon»-Reprise von 1980. Auch das seit den frühen 80er Jahren deutlich anziehende und bis heute anhaltende Interesse an phantastischen, spezialeffektlastigen Stoffen ist direkt auf die durch «Star Wars» bewirkte Kehrtwende zurückzuführen: Galt Science-Fiction bis dahin lange als ein Segment unter vielen, mit begrenzter Reichweite, bildet das Genre im allerweitesten Sinne heute eine der wichtigsten Säulen der Filmindustrie.

Für einen Film, der wehmütige Erinnerungen ans große Spektakelkino vergangener Zeiten in Form von Partikeln innerhalb einer Meta-Erzählung bündelt, ist es vielleicht nur folgerichtig, dass auch dessen Mythologeme wiederum in die Filmgeschichte diffundieren. So war J. J. Abrams' Franchise-Reboot «Star Wars: Das Erwachen der Macht» (2015) keineswegs das erste Quasi-Remake des Originals. Der von Exploitationfilm-Legende Roger Corman produzierte, 1980 ins Kino gebrachte «Sador – Herrscher im Weltraum», im Original anschmiegungs- und übertrumpfungsfreudiger «Battle Beyond the Stars» betitelt, erweist sich unter den zahlreichen kostengünstigen Copy-Cat-Filmen aus dem B-Segment noch als durchaus avanciert: An «Star Wars» orientiert sich der drollig ausgestattete Film vor allem hinsichtlich seiner aristokratisch geprägten Fantasy-Welt im «Outer Space». Der entscheidende Stichwortgeber für den Plot ist interessanterweise einmal mehr Akira Kurosawa, dessen «Sieben Samurai» hier weidlich ausgeschlachtet wird und dem in der Bezeichnung des Planeten Akir überdies Respekt gezollt wird.

Zu den wahnwitzigeren Curiosa zählen unterdessen – neben dem bizarren Porno «Starship Eros» (1980), in dem ein überforderter C-3PO Weltall-Amazonen als Lustknabe dient – die italienische Produktion «Star Crash – Sterne im Duell» (1978) von Luigi Cozzi und die inoffiziell «Turkish Star Wars» genannte türkische Produktion «Dünyayi Kurtaran Adam» (1982) von Çetin Inanç mit dem türkischen Actionfilm-Superstar Cüneyt Arkin, der auch das Drehbuch zu dieser obskuren Unglaublichkeit verfasst hat. Beide sind Filmwunder, inhaltlich näher an der Vorlage jedoch ist Cozzis Film: Ein Spätausläufer der seit den 50er Jahren auf das erbarmungslose Ausschlachten von Kinotrends spezialisierten italienischen Filmindustrie, die zum Zeitpunkt des Entstehens von «Star Crash» allerdings schon seit geraumer Zeit im wirtschaftlichen Absturz begriffen war. Cozzi bündelt Versatzstücke des «Star Wars»-Plots und deutet sie fadenscheinig um: Schwarze Roboter wechseln von der bösen zur guten Seite, statt einer Prinzessin muss ein Prinz gerettet werden, der ausgerechnet vom jungen, das Laserschwert schwingenden David Hasselhoff gespielt wird. Aus Han Solo wird Stella Star, gespielt von der aufreizend in Szene gesetzten Carolin Munro, die eine in allen Farben des Regenbogens erstrahlende Miniatur- und Kulissen-Galaxis gegen die Machtbestrebungen des herzzerreißend bösen Grafen Zarth Arn (Joe Spinell) zu retten hat. Was zynischen oder voreiligen Betrachtern als Trash oder Plagiat erscheint, ist in Wahrheit ein romantisches Plädoyer für die Spielfreude eines von schweren Grübeleien völlig unbeleckten Trivialkinos. Ein Film, wie ihn George Lucas in seiner Kindheit gerne im Kino gesehen hat, sich aber später niemals zu drehen getraut hätte.

Çetin Inançs Film greift unterdessen ganz buchstäblich aufs Material zu. Seine unter erheblichem Zeitdruck und nahezu ohne Geld entstandene Saga hat mit «Star Wars» inhaltlich nur sehr am Rande zu tun. Dafür schneidet Inanç fahrig, hochfrequent und keiner offensichtlichen Logik folgend Szenen ein, die einer tatsächlichen «Star Wars»-Kinokopie in einer Nacht-und-Nebel-Aktion entwendet wurden, was den fertigen Film beträchtlich in Richtung Appropriation Art rücken lässt. Dazu passt der sich großzügig bei Filmmusik aus «Star Wars», «Flash Gordon» und «Indiana Jones» bedienende Soundtrack. In der Türkei der frühen 80er Jahre war Copyright quasi unbekannt, wie etwa Cem Kayas ausgesprochen interessantem Dokumentarfilm «Remix, Remake, Ripoff» (2015) über die Geschichte des türkischen Genrekinos zu entnehmen ist. Ein Film also, dessen ungestüme Unbekümmertheit und wilde Frechheit ebenso wie sein rührender Wille, auch unter widrigsten Umständen Spektakelkino auf die Leinwand zu bringen, noch jedem die Kinnlade auf den Brustkorb hat fallenlassen.

Nicht zuletzt «Star Wars» selbst ging mit zunächst zwei Sequels und einer Riege spät nachgeschobener, von den Fans gemischt aufgenommener Prequels in Serie. Seit den 90er Jahren greift das Franchise in Form von Computerspielen, Comics, Romanen und Fernsehserien mit entsprechenden Synergieeffekten zentrifugal um sich. Eine wirtschaftliche Übernahme durch den Disney-Konzern, der neben der Ankündigung neuer, direkter Sequels und zahlreicher Filme mit nur loser Verbindung zum bisherigen filmischen Erzählstrang auch ein nahezu vollständiges Reboot dieses erweiterten Erzähluniversums mit sich bringt, hält das «Star Wars»-Franchise als maßgeblichen Faktor der US-amerikanischen Unterhaltungsindustrie auch bis auf weiteres rentabel. Rückblickend wird die einstige Krisenreaktion «Star Wars» als treibender Motor der Hollywood-Restauration kenntlich, der eine von Grund auf gewandelte Industrie mit auf Jahre hin festgelegten Produktionsplänen hervorgebracht hat. Es bleibt abzuwarten, ob diese filmhistorisch einmalige Situation nicht doch in absehbarer Weise als Blase platzt und dann vielleicht sogar einem «New New Hollywood» den Weg bereitet. Ganz nach dem Motto: «Weißt du noch, damals, a long time ago in a galaxy far, far away.»

Harald Lesch & Harald Zaun

«Star Wars» und die astrobiologischen und physikalischen Realitäten

Cineastisch-wissenschaftliches Science-Fiction-Paradestück

Es war zuerst nur ein flüchtiges metallisches Funkeln, das der Selenologe zufällig bemerkte. Doch beim genaueren Hinsehen kristallisierte sich heraus, dass der Quell des vermeintlichen Blinkens ein Lichtpunkt ohne Ausdehnung war. Auf den Forscher wirkte die Szenerie so, als hätte eine der scharfkantigen Bergspitzen auf dem Mond «einen Stern vom Himmel gekratzt». Als der Mondgeologe, getrieben von unbändiger Neugierde, den Berg mit seinem 4-Zoll-Teleskop sezierte, lokalisierte er auf dem Gipfel ein merkwürdig flaches Terrain. Das Plateau war für eine natürliche geologische Formation schlichtweg zu eben. Für den Astronauten Anlass genug, den Raumanzug überzustülpen, den samtig schimmernden grauweißen Mondstaub zu durchwaten und den fast vier Kilometer hohen Berg stante pede zu erklimmen ...

In der 1951 publizierten 11-seitigen Kurzgeschichte «The Sentinel» («Der Wächter») von Arthur C. Clarke – sie bildete die Grundlage für den weltberühmten Science-Fiction-Film «2001: Odyssee im Weltraum» – entdeckt Clarkes Hauptfigur auf dem lunaren Berg eine künstlich angelegte Hochebene, auf der ein pyramidenförmiges, zweimal mannshohes Gebilde «wie ein gigantischer Edelstein mit vielen Facetten» in den Felsen eingelassen ist. Wie dem Forscher kurze Zeit später klarwird, handelt es sich bei der kleinen Kristallpyramide einerseits um ein symbolisches Gebilde einer außerirdischen Macht, andererseits um eine aktive Maschine, die sich selbst mit allen Kräften vor zerstörerischen Einflüssen schützt und infolgedessen als eine Art Wachposten die Zeiten überdauert hat. Irgendwann in irdisch-geologischer Urzeit streifte eine außerirdische Sonde das Sonnensystem und registrierte eine vielversprechende, mit Leben beseelte Welt. In der Hoffnung, dass die Nachfahren Jahrmillionen später einmal den Schritt ins All meistern und die Skulptur auf der Nachbarwelt entdecken würden, zog das kosmische Gefährt weiter seines Weges.

Kam Clarkes außerirdisches Artefakt in seinem ersten Opus noch pyramidenförmig daher, so präsentierte sich das extraterrestrische Kunstwerk in seinem Roman «2001: Odyssee im Weltraum» respektive in der gleichnamigen Verfilmung von Stanley Kubrick bekanntermaßen formvollendet als pechschwarzer Monolith. Ein perfekt ausgebildeter Quader, eingebettet in dem Mondkrater Tycho und dort vergraben in sieben Meter Tiefe, erblickte nach drei Millionen Jahren wieder das lunare Licht.

«2001: Odyssee im Weltraum» ist wohl *das* bekannteste Science-Fiction-Opus der Filmgeschichte, das nicht nur in puncto Tricktechnik neue Maßstäbe setzte, sondern dank seiner Handlung und szenischen Umsetzung selbst wie ein Monolith aus dem cineastischen flachen Einerlei herausragt. Es avancierte zum Paradebeispiel dafür, wie ein Science-Fiction-Film eine Brücke zwischen Wissenschaft und Fiktion (lat. *fictio* = Einbildung) schlagen kann, ohne dabei ins Triviale oder Klischeehafte abzurutschen. Dass Kubricks «2001»-Meisterwerk derweil exemplarisch für den Zukunftsfilm der Zukunft steht, der auch die astrophysikalischen

Realitäten reflektiert, spiegelt sich in einer Reihe von Schlüsselszenen wider, mit denen Filmgeschichte geschrieben wurde. Wer erinnert sich nicht an die legendäre urzeitliche Affenhand, die am Anfang des Streifens den glatten schwarzen Monolithen berührt, und an den Weltraumhandschuh eines Astronauten, der einige Szenen später das Artefakt auf ähnliche Weise touchiert. Nicht zu vergessen den berühmten symbolischen Filmschnitt, als zuerst ein früher Hominid einen Knochen hochschleudert und in der nächsten Szene ein knochenförmig aussehendes Raumschiff erscheint. Oder den superintelligenten und zu Emotionen neigenden Computer HAL 9000, der Amok läuft und die interplanetare Mission zum Jupiter fast zum Scheitern bringt. Ob bei der rotierenden Raumstation, der Darstellung des Raumfluges zum Mond, den Bewegungen der Astronauten in der Schwerelosigkeit und der künstlich generierten Gravitation, den eindrucksvollen Weltraumspaziergängen und dem gigantischen, imposanten interplanetaren Raumschiff «Discovery One» – bei allen filmischen Elementen war Arthur C. Clarke als Drehbuchautor darauf bedacht, sich nicht allzu weit von der naturwissenschaftlichen Gegenwart zu entfernen. Dabei extrapolierte der Technikvisionär, der bereits 1945 Fernmeldesatelliten auf geostationären Umlaufbahnen und 1974 den Personal Computer sowie das Internet voraussagte, nicht einfach ins Blaue hinein. Vielmehr berücksichtige er wie keiner zuvor den Status quo der wissenschaftlichen Forschung und projizierte diesen in «2001» mit Akribie und Liebe zum Detail.

Fiktive «Space Opera» jenseits von Science

Während es ein reines Vergnügen ist, den distinguierten «2001»-Filmklassiker in den Rang eines Science-Fiction-Plots mit dem Gütesiegel «par excellence» zu heben – zumal er überdies allen Ansprüchen an einen Film dieses Genres gerecht wird –, fällt es extrem schwer, die bislang sieben «Star Wars»-Filme mit ähnlichen Prädikaten zu versehen, ist doch der *Science*-Faktor in ihnen gleich null. Denn bei dem 1929 aus der Feder des US-Publizisten und Herausgebers der «Amazing Stories» Hugo Gernsbach entsprungenen Kunstwort «Science-Fiction» darf man bei aller Liebe zur Phantasie und literarischen sowie cineastischen Kreativität die Bedeutung des Terminus «Science» nicht übergehen. Mögen wir im deutschsprachigen Raum diese Vokabel gemeinhin lapidar mit «Wissenschaft» übersetzen, so verstehen Angloamerikaner hierunter ausschließlich «Naturwissenschaft». Ergo muss Science-Fiction, will sie einen wissenschaftlich realistischen Blick in die Zukunft ermöglichen, wenigstens ein Mindestmaß an Erkenntnissen gegenwärtiger Wissenschaft reflektieren.

Just dies findet aber im «Star Wars»-Epos nicht statt, in dem die Protagonisten oft jenseits der uns bekannten physikalischen Gesetze agieren oder in einem Umfeld leben und kämpfen, in dem die Gesetze der Physik offenbar keine Gültigkeit besitzen. Wer sich einmal die Mühe macht, die Wissenschaft von «Star Wars» zu durchleuchten und nach physikalischen sowie astronomischen Fehlern oder gelungenen Visionen zu suchen, kann sich dem Sujet nur retrospektiv nähern, weil George Lucas als Drehbuchautor und Regisseur in puncto Physik oder Astronomie ganz bewusst keine prospektive Perspektive eingenommen hatte. Bei seiner Original- und Prequel-Trilogie orientierte er sich nicht an astrophysikalischen Theoremen oder astrobiologischen

Theorien. Wissenschaftliche Expertisen nahm er mitnichten in Anspruch. Vielmehr ließ er seiner blühenden Phantasie freien Lauf, sodass sein «Kind» zu einer mit märchenhaften Elementen garnierten «Space Opera» heranreifen und dabei sogar Züge eines Heldenepos gewinnen konnte. Von knallharter Physik und den damit assoziierten unausweichlichen Gesetzen ist im gesamten «Star Wars»-Universum weit und breit keine Spur, was auch für den siebten Film «Das Erwachen der Macht» unter der Regie von Jeffrey Jacob Abrams gilt. Anstatt physikalische Gesetzmäßigkeiten wenigstens grob zu berücksichtigen, haben Lucas und seine Nachfolger intentional ein Weltraummärchen gesponnen, in dem philosophische, soziale, politische Botschaften und romantische, aber auch martialische und kriegerische Begegnungen die Handlungsstränge prägen.

Wenngleich der «Star Wars»-Schöpfer George Lucas die Handlung seiner Geschichte geschickt fernab der Erde in einer weit entfernten Galaxie ansiedelt und auch die zeitliche Ebene märchenhaft mit «Es war einmal vor langer Zeit» in der kosmischen Vergangenheit verortet, sollten doch für seine fiktive Welteninsel die gleichen physikalischen Gesetzmäßigkeiten gelten wie für jene in der Realität. Denn alle Galaxien müssen sich dem kosmologischen Prinzip beugen. Dieses besagt, dass der Raum homogen und isotrop ist und das Universum folglich keinen Mittelpunkt hat. Keine Richtung, kein Punkt im Kosmos ist ausgezeichnet. Die Raumkrümmung hat im Mittel überall den gleichen Wert, und die Materie ist fernerhin ebenso gleichmäßig verteilt. Selbst ultraintelligente Außerirdische sitzen räumlich und zeitlich im selben Boot wie die zahlreichen Spezies im «Star-Wars»-Epos.

Gewiss, George Lucas' Filme leben von neuartigen Technologien und nett anzuschauenden technischen Spielereien, die meist aus dramaturgischen Gründen eingebaut werden, um die Handlung voranzutreiben, zu mystifizieren, zu dramatisieren und spannender zu gestalten. Dennoch zeichnet sich gute Science-Fiction auch dadurch aus, ein Mindestmaß antizipierender Intelligenz zu transportieren, so wie in der Welt von Captain James T. Kirk, Data et cetera. Daher ist der in «Star Trek – The Original Series (TOS)» oft so lässig in Szene gesetzte aufklappbare Communicator sicherlich wortwörtlich das «hand(y)festeste» Beispiel dafür, dass ehemalige SF-Requisiten heute von der Realität längst eingeholt wurden. Dass Science-Fiction Überlegungen und Erkenntnisse fördern kann, die später einmal reale Formen gewinnen, zeigte sich auch in dem 1966 gedrehten «Star Trek»-Pilotfilm «The Cage», in dem erstmals in der Fernseh- und Kinogeschichte eine Maschine zu sehen war, aus der ein Fax kommt: Ein Besatzungsmitglied steht vor einer Apparatur, aus der ein beschriebenes Blatt Papier hervorquillt. Was Jules Verne 1863 in seiner Schrift «Paris im 20. Jahrhundert» vorausgesagt hatte, konnten Fernsehzuschauer bereits vor 50 Jahren zu einem Zeitpunkt bewundern, als das Faxgerät noch nicht erfunden war. Von seiner innovativen Seite zeigte sich «Star Trek» auch in der TOS-Folge «Kodos, der Henker», auf der ganz deutlich ein an einer Wand installierter Flachbildschirm zu sehen ist, der haargenau so aussieht wie ein moderner Fernseher. Dabei gewannen Flachbildschirme erst ab Mitte der letzten Dekade an Popularität. Bei alledem operierte Captain Jean-Luc Picard aus der TOS-Nachfolgeserie «The Next Generation» (TNG) oft mit einem flachen Gerät, das einem heutigen kleineren Tabletcomputer täuschend ähnelt. Er hielt es in der Hand, wischte und drückte spielerisch darauf herum und entnahm ihm Informationen, so wie es heute das Gros der User mit iPad & Co. weltweit praktiziert.

Keine Frage, «Star Trek» nahm das Fax, den Flachbildschirm, das Mobiltelefon, den Tabletcomputer und weitere Erfindungen zu einer Zeit geistig vorweg, als der Siegeszug dieser innovativen Techniken noch nicht absehbar war. «Die Science-Fiction von heute ist oft das Science-Fact von morgen. Die Physik, die ‹Star Trek› zugrunde liegt, ist gewiss einer Untersuchung wert», sagte kein Geringerer als der weltweit bekannte und mittlerweile emeritierte Physikprofessor Stephen Hawking, der auch das Vorwort zu dem Klassiker «The Physics of Star Trek» von Lawrence M. Krauss aus dem Jahr 1995 schrieb. In seinem Buch nimmt Prof. Krauss kein einziges Mal Bezug auf «Star Wars» und zieht keinen Vergleich, genauso wenig wie der deutsche Astronom Dr. Stefan Thiesen in seinem Buch «Star Trek Science. Die Zukunft hat schon begonnen». Auch der Physikprofessor Metin Tolan geht in seinem aktuellen Opus «Die Star Trek Physik. Warum die Enterprise nur 158 Kilo wiegt und andere galaktische Erkenntnisse» mit keinem Wort auf die Physik von «Star Wars» ein. Und selbst der weltbekannte US-Physiker Michio Kaku von der New Yorker City University, der in fast allen astrophysikalischen und astrobiologischen Dokumentarfilmen als Interviewpartner in Erscheinung tritt, thematisiert in seinem 603-Seiten-Wälzer «Die Physik der Zukunft. Unser Leben in 100 Jahren» an keiner Stelle das Phänomen «Stars Wars». Kein einziges Mal erwähnt er in seinem Buch eine in der Saga beschriebene Technikvision, die unsere nahe und fernere Zukunft prägen könnte. Mit den «Star Trek»-Innovationen hingegen setzt er sich auf 16 Seiten leidenschaftlich auseinander.

Nur Jeanne Cavelos, eine amerikanische Schriftstellerin und Astrophysikerin, machte sich die Mühe, die Wissenschaft von «Star Wars» in ihrem Werk «The Science of Stars Wars» auf 274 Seiten näher zu durchleuchten. In den Kapiteln «Planetare Umgebungen», «Aliens», «Droiden», «Weltraumschiffe» und «Waffen» sowie «Macht» versucht die engagierte Autorin und bekennende «Star Wars»-Anhängerin, eine Lanze für den Lucas'schen Kosmos zu brechen, die gleichwohl konstruiert wirkt, insbesondere mit Blick auf die Astrophysik. Es ist der Versuch, dem «Star Wars»-Kosmos im Nachhinein eine wissenschaftliche Grundlage zuzuschreiben oder zumindest zu suggerieren, dass das Weltraummärchen durchaus auf physikalisch halbwegs sicherem Boden steht. Cavelos ist die bislang einzige Autorin, die über dieses Sujet ein nennenswertes Buch geschrieben hat. Dass dies so ist, hat einen einfachen Grund: «Star Wars» offeriert bewusst keine technischen Zukunftsvisionen. Die Filmserie prophezeite bis dato noch kein einziges Mal treffsicher eine technische Entwicklung; sie antizipiert nichts Neues, was basierend auf irdischer Physik heute oder in absehbarer Zeit technisch realisierbar wäre. «Star Wars» sagt nichts voraus. Hubert Zitt, der als Hochschuldozent, Sachbuchautor und Vortragsredner zu den führenden Experten für «Star Trek» zählt und sich auch in der «Star Wars»-Welt auskennt, bringt es auf den Punkt: «‹Star Wars› ist ein modernes Märchen. Es wurde dabei kein oder nur wenig Wert auf technische oder physikalische Richtigkeit gelegt. Das Lichtschwert steht zwar für einen tollen Filmeffekt, aber dessen Funktion ist wissenschaftlich nicht wirklich erklärbar. ‹Star Wars› besticht vor allem durch die tollen Filmeffekte, die großartigen Darsteller und die gute Story und nicht durch die wissenschaftlich korrekte Darstellung der gezeigten Technik.»

Eine ähnlich kritische Haltung hat sich mit den Jahren auch bei Dr. Marc Wenskat herauskristallisiert. Der Experte für Teilchenbeschleuniger hält wie Hubert Zitt bundesweit Vorträge über die Physik von «Star Wars» und sieht nicht den geringsten Anlass, das Problem schönzureden: «‹Star Wars› ist eine im wahrsten Sinne des Wortes fantastische Welt. Und als solche birgt sie viele Stolpersteine, auf die man dann als Physiker stößt. Man wundert sich, ob der Regisseur einfach nicht gemerkt hat, dass er gerade die Physik revolutioniert oder zumindest auf den Kopf stellt oder er sich dachte ‹wird schon keinen kümmern›. Nun, uns Physikern fällt so was auf – und es kümmert uns.»

Gewiss, hier und da können «Star Wars»-Fans vielleicht zu Recht auf einige Highlights verweisen, die in den sieben bisherigen Filmen für Spektakel und Spaß gesorgt haben, wie etwa das Abbild von Prinzessin Lea als 3-D-Hologramm in dem ersten Streifen von 1977. Doch vor knapp 40 Jahren war die Technik der Holographie schon so weit gediehen, dass die Entwicklung einer 3-D-Holographie-Projektion, die heute Realität ist, nur noch eine Frage der Zeit war. Gleiches gilt für die beiden Droiden C-3PO und R2-D2, die im Vergleich zu den progressiven Robotern aus den Isaac-Asimov-Robotergeschichten hüftsteif daherkommen. Besonders dem humanoiden Roboter Data aus «Star Trek»-TNG können sie nicht das Wasser reichen, obwohl die Roboter und roboterähnlichen Gestalten und Ungestalten, die in «Star Wars» später ihren Auftritt zelebrieren, eine weitaus bessere und elegantere Figur abgeben als die beiden blechernen Haudegen C-3PO und R2-D2.

Trotz allem attestiert Hubert Zitt dem «Star Wars»-Schöpfer Lucas eine gewisse Weitsicht: «Einige Dinge aus dem ‹Star Wars›-Universum sind eben doch Realität geworden, wie zum Beispiel der Ionen-Antrieb der TIE-Fighter. (TIE = Twin Ion Engine.) Im Jahre 2003 ist die Sonde SMART-1 mit einem solchen Antrieb zum Mond geflogen. Heutige Roboter sehen den Droiden von ‹Star Wars› immer ähnlicher. Mittlerweile gibt es Roboter, die wie wir Menschen auf zwei Beinen laufen können und mit denen man per Sprachsteuerung interagieren kann. Bis zu einem C-3PO ist es also kein so langer Weg mehr.»

Bunter Alien-Zoo –
wo «Star Wars» richtigliegt

Bis auf den heutigen Tag haben die Planetenjäger mit unterschiedlichen Observationstechniken sowie Boden- und Weltraumobservatorien 3533 bestätigte Exoplaneten (Stand: 6. Oktober 2016) detektiert und katalogisiert, die sich auf 2650 Sternsysteme verteilen, darunter 595 Systeme mit mehreren Planeten. Noch prägen extrem heiße, teils aber auch abgekühlte Gasriesen in der Größenklasse von Neptun (17-fache Erdmasse) bis hin zu dem weitaus größeren Jupiter das Bild. Sie rasen in geringer Distanz um ihre Heimatsterne oder umrunden diese weit entfernt in exzentrischen Umlaufbahnen. Vor allem Supererden, zu denen Welten von ein- bis zehnfacher Erdmasse zählen, und erdgroße Felsenplaneten gewinnen immer mehr an Bedeutung. Auch wenn die Astronomen sogar einige Exoplaneten in habitablen Zonen lokalisieren konnten, in denen sich flüssiges Wasser halten kann, verirrte sich keine zweite Erde in die Fangnetze der Planetenfischer. Keine echte Zwillingswelt, keine Erde 2.0 in Sichtweite. Selbst mit den gegenwärtig besten Teleskopen und Suchtechniken gelang den Forschern dieser Coup nicht. Aber es ist alles nur noch eine Frage der Zeit, bis Astronomen nicht nur erdgleiche Exoplaneten finden, sondern auch deren Atmosphären mit Hilfe der Spektralanalyse nach Biomarkern untersuchen können. Da jedes chemische Element einen unverwechselbaren Fingerabdruck im Lichtspektrum hinterlässt, verraten sich dadurch alle Biosignaturen. Es ist ein Fingerabdruck, der auch über Lichtjahre hinweg nicht verblasst. Gute Biomarker sind vor allem chemische Verbindungen wie Methan, Ozon, Kohlenstoffmonoxid und das Element Sauerstoff. Letzterer fällt vor allem auf der Erde als Nebenprodukt der Photosynthese an und konzentriert sich in der Atmosphäre und wohl auch in Exoatmosphären.

Alle Planetenjäger sind sich jedenfalls sicher, dass die bislang detektierten fernen Welten nur die spitzeste Spitze eines exoplanetaren Eisberges bilden. «Ich erwarte in fast allen Sternsystemen massearme Planeten, ja sogar erdähnliche Welten, in manchen sogar mehrere», bestätigt kein Geringerer als der Entdecker des ersten Exoplaneten Michel Mayor aus Genf. Sein Optimismus nährt sich vor allem aus Computersimulationen und mathematisch-statistischen Extrapolationen. Auf diese Weise berechnete der australische Physiker Charles Lineweaver aus Canberra auch die potenzielle Anzahl erdähnlicher Planeten in bewohnbaren Zonen. Mit Blick auf die mindestens 200 Milliarden Sterne in der Milchstraße kam er 2015 auf einen phantastischen Wert: «Unserer Studie zufolge besitzt fast jeder einzelne Stern in der Galaxis einen oder zwei Planeten in einer habitablen Zone.»

Beflügelt von den Computerhochrechnungen und Erfolgen der Planetenjägers, suchen auch die SETI-Forscher (SETI = Search for Extraterrestrial Intelligence) nunmehr seit 56 Jahren mit großen Radioschüsseln nach außerirdischen Kosmogrammen und mit optischen Teleskopen nach fernen Lichtbotschaften. Bislang jedoch fischte kein SETI-Angler die lang ersehnte interplanetare Flaschenpost aus dem Wellenmeer. Weder ein künstlich generierter Laserblitz noch ein anderes ungewöhnliches Lichtsignal geriet ins Fadenkreuz optischer Teleskope.

Gerade deswegen ziehen die SETI-Astronomen entschlossener denn je alle Register der Technik, Strategie, Suchmethodik, Phantasie und Kreativität, um ET & Co. dingfest zu machen. Um die Existenz der Extraterrestren nachzuweisen, haben sie mutig die alten Pfade ihrer Vorgänger verlassen. Einige von ihnen spekulieren sogar darüber, wo außerirdische Artefakte vergraben sein und wie sie aufgespürt werden könnten. Längst hat sich ihr Fachgebiet, das 1985 das Akronym «SETA» (Search for Extraterrestrial

Artifacts) erhielt, zu einer zukunftsträchtigen, ausbaufähigen Teildisziplin von SETI gemausert. Arthur C. Clarke und «2001» lassen grüßen!

Die Logik sagt uns, dass auch außerirdische Geschöpfe samt und sonders Kinder ihrer Sonne sind und den Sternenstaub in sich tragen, der in unzähligen Supernovae-Explosionen in den Kosmos freigesetzt wurde. Wir sind auch allesamt Kinder des Wasserstoffs, der sich 380000 Jahre nach dem Urknall bildete, als sich das Universum auf 3727 Grad Celsius abkühlte. Wir sind nicht allein – das ist die Prämisse, von der auch «Star Trek»- und «Star-Wars»-Fans ausgehen dürfen. Sie fußt auf dem 1966 von Carl Sagan extrapolierten Wert von einer Million Zivilisationen in unserer Galaxis (Milchstraße). Ein Wert, den der deutsche Astrophysiker Peter Ulmschneider vor zehn Jahren sogar auf zwei Millionen Kulturen nach oben korrigierte.

Eingedenk der vorliegenden empirischen Daten, Beobachtungen, Computersimulationen und auch rein geistigen Extrapolationen zeichnet sich immer deutlicher ab, dass auch die phantastische Diversität der Aliens bei «Star Wars» eine wissenschaftlich-astrobiologische Grundlage hat. Wenn wir in diese Welt eintauchen und den dort agierenden Protagonisten begegnen, sehen wir uns einer kaum überschaubaren Artenvielfalt von außerirdischen Spezies gegenüber, die alle eine wissenschaftliche Daseinsberechtigung haben.

In der Welt von «Star Wars» geistern bislang allein mehrere hundert verschiedene Lebensformen umher, unzählige fremdartige Geschöpfe in farbenfrohen Kostümen, mit bizarrer Morphologie und fremdartigem Aussehen. Wie viele davon seit Beginn der «Star Wars»-Ära schon zum Leben erweckt wurden, vermögen selbst eingefleischte Fans nicht ad hoc zu beantworten, zumal der schillernde Alien-Zoo mit den noch kommenden Sequel-Folgen anwachsen wird. Ein bunt gemischtes Konglomerat von Außerirdischen, die ihren gemeinsamen Nenner allenfalls darin finden, reine Phantasiegebilde jenseits aller «Science» zu sein.

Auch wenn noch kein eindeutiger, von der Wissenschaft allgemein akzeptierter Beweis für die Existenz außerirdischen Lebens vorliegt, ist das Fundament, auf dem George Lucas sein Phantasiegebäude mitsamt extraterrestrischen Mitbewohnern errichtete, zwar ein höchst imaginäres, aber doch ein legitimes. Autoren wie Lucas, die in ihren Projekten und Geschichten Außerirdischen eine Hauptrolle zuteilen, haben fürwahr alle Freiheiten und müssen ihre Phantasie nicht zügeln. Schließlich liegen in Bezug auf außerirdische Lebensformen keine wissenschaftlich verwertbaren konkreten Daten vor, die richtungweisend und somit auch einengend wären. Dass George Lucas in dieser Hinsicht einmalig war, beweist die Vielfalt seiner Charaktere und außerirdischen Spezies, die im Vergleich zu «Star Trek» sogar weniger anthropomorph sind.

Mit zwölf Parsec durchs All – ewiger Traum von der Überlichtgeschwindigkeit

Sich wie ein Vogel in die Luft zu erheben, sich von ihr emportragen zu lassen und wie ein Adler in himmlischer Höhe majestätisch und sicher zu gleiten – dieser uralte Menschheitstraum wurde erstmals in der griechischen Mythologie nachweislich schriftstellerisch zum Ausdruck gebracht: in der Sage von «Daidalos und Ikaros». Die Vorstellung, ähnlich wie die beiden sagenumwobenen Protagonisten der irdischen Gefangenschaft zu entfliehen und die Freiheit über den Wolken auszukosten, faszinierte die Menschen seit jeher. 125 Jahre nach dem Erstflug des deutschen

Flugzeugpioniers Otto Lilienthal, den vor 120 Jahren das gleiche Schicksal wie Ikaros ereilte, sind bis heute knapp 600 Astronauten, Kosmonauten, Euronauten und Taikonauten in den Genuss der Mikrogravitation gekommen. Nur zwölf davon haben jemals einen fremden Himmelskörper betreten. Mangels effektiver und vor allem billigerer Triebwerke hat der Homo sapiens seit den Apollo-Missionen seinen Orbit real nicht mehr verlassen. Er hat weder den Mars noch andere Welten besucht.

Doch in den Kosmen von «Perry Rhodan» und «Star Trek» wurden die bekannten Gesetze der Physik bekanntlich längst von licht- und überlichtschnellen Raumschiffen ein- und überholt. Mit Lichtgeschwindigkeit (und noch schneller) fliegen natürlich auch unsere Fabelwesen im «Star Wars»-Universum mit ihren Schlachtkreuzern, Beibooten oder Jägern wie selbstverständlich durch den Hyperraum. Doch während bei «Star Trek» der Warp-Antrieb tatsächlich eine mathematische, wenn auch stark hypothetisch gefärbte Grundlage hat und zumindest in der Theorie funktionieren kann, fußt die überlichtschnelle Raumfahrt im Lucas'schen Weltraummärchen auf keinem wissenschaftlich gesicherten Fundament. Im Gegenteil, die Macher um Lucas & Co. produzierten sogar unabsichtlich grobe Fehler, die sie selbst über Dekaden hinweg nicht korrigierten. Wie sehr sie dabei die astrophysikalischen Gegebenheiten ignorierten, manifestiert sich etwa in einem Dialog, in dem der Schmuggler und Captain des «Rasenden Falken» Han Solo die Hauptrolle spielt. Auf die Frage des weisen Jedis Obi-Wan Kenobi in «Episode IV – Eine neue Hoffnung», ob Solo denn ein schnelles Schiff habe, antwortete der Hasardeur sichtlich verärgert: «Schnelles Schiff, haben Sie noch nie vom ‹Rasenden Falken› gehört? Das Schiff machte den Korsalflug in weniger als zwölf Parsec, falls Ihnen das etwas sagt.» So weit, so gut – könnte man meinen.

Doch in Wahrheit unterlief Lucas und seinem Team mit dieser Aussage ein grober astronomischer Schnitzer. Denn mit «Parsec» assoziieren Sternforscher gemeinhin kein Zeit-, sondern ein Längenmaß, das sich zudem nur auf die Entfernungen von Himmelskörpern innerhalb unserer Galaxie bezieht. Hubert Zitt, der sich selbstredend auch mit dem in der Fandom heiß diskutierten Korsalflug-Zitat Solos auseinandergesetzt hat, sieht sich – fraglos verwöhnt von der vergleichsweise fundierten Physik in «Star Trek» – angesichts dieses Fauxpas zur Kritik genötigt: «Ein Parsec ist die Entfernung, aus der der mittlere Abstand der Erde zur Sonne (Astronomische Einheit = AE) unter einem Winkel von einer Bogensekunde erscheint», so Zitt. Daher sei es ein grundsätzlich logischer Fehler, davon auszugehen, dass im «Star Wars»-Universum eine vergleichbare Astronomische Einheit und somit auch der gleiche Parsec-Wert existiere. Da auch im amerikanischen Original explizit von «Parsec» die Rede ist, entfalle ein Übersetzungsfehler. «Das alles ergibt einfach keinen Sinn», stöhnt der promovierte Elektroingenieur.

Allerdings haben dies die «Star Wars»-Autoren offenbar bemerkt und infolgedessen einige Jahre später in «Star Wars: Episode II – Angriff der Klonkrieger» die Einheit Parsec korrekt verwendet. Dort heißt es wortwörtlich: «Geonosis ist weniger als ein Parsec entfernt.» Im jüngsten «Star Wars»-Film «Das Erwachen der Macht» jedoch wiederholt Han Solo die astronomisch nicht haltbare Behauptung, dass seine Maschine dereinst den Korsalflug in weniger als zwölf Parsec absolviert habe. Hubert Zitt ist sich indes sicher, dass mittlerweile sowohl George Lucas als auch dessen Nachfolger J. J. Abrams die Bedeutung der Einheit Parsec kennen und dass dieses Zitat, sozusagen als Gag für Insider, bewusst und in voller Absicht falsch übernommen wurde.

Gewiss, der Warp-Antrieb, mit dem schon Captain Kirk zu Destinationen flog, die nie ein Mensch zuvor gesehen hat, kommt auch in «Star Trek» als extrem theoretisches Phantasieprodukt daher. Aber er wurde schon 1994 von dem mexikanischen Physiker und «Star-Trek»-Anhänger Miguel Alcubierre näher analysiert. Dieser wertete den Warp-Antrieb mit einem wissenschaftlich-theoretischen Konzept auf und berichtete darüber in einem einschlägigen Fachmagazin. Technisch sei er machbar, vorausgesetzt, es gelinge, die Raumzeit dergestalt lokal zu verzerren, dass sie sich vor dem Raumschiff zusammenzieht, aber dahinter dehnt. Auf diese Weise gleite das Schiff mit der Raumzone wie ein Surfbrett auf einer Welle nach vorn. Während die Crew eines solches Hyper-Raumschiffes in der Warp-Blase eingeschlossen sei, verlaufe der Flug für diese ganz normal. Innerhalb der Blase käme es auch nicht zu dem relativistischen Effekt der Zeitdilatation. Die Uhr würde für jeden mit Warp-Geschwindigkeit reisenden Raumfahrer wie gewohnt weiterticken. Doch für die Erzeugung einer Warp-Blase benötigen die Astro-Ingenieure von «Star Trek» sehr viel exotische Materie mit negativer Energie respektive Energiedichte, die eine abstoßende Gravitationswirkung und keine anziehende habe, so Alcubierre.

Hand aufs Herz – der Satz der Thermodynamik schwebt in der Physik über allem und hat sakrosankten Charakter. Wollte jemand sein Raumschiff annähernd auf Lichtgeschwindigkeit beschleunigen, bräuchte er exorbitant hohe Mengen an Energie, die sich nur schwerlich in einen kleinen Raumjäger quetschen ließe. Dennoch kommt keine moderne «Space Opera» – ob in Roman, Hörspiel oder Film – mehr ohne Licht- oder Überlichtgeschwindigkeit aus, ob sich nun die Geschichte nur innerhalb unserer Galaxie oder auf anderen Welteninseln der fast 500 Milliarden galaktischen Materieoasen im Universum abspielt. Fast immer werden dabei die Gesetze der Physik gedehnt, gebogen und gestreckt, so wie es dem Licht im Universum oft widerfährt. Und mit Nonchalance werden auch die wichtigen relativistischen Effekte der Zeitdilation ausgeblendet. Ignoriert wird die schlichte Tatsache, dass für einen Astronauten die Zeit langsamer vergeht, wenn er sich schnell bewegt – relativ gesehen zu den Uhren auf dessen jeweiligem Heimatplaneten. Der Reisende mag dereinst in ferne stellare Systeme eintauchen und fremde Sterne und Planeten studieren, gleichwohl würde er von seinen Abenteuern niemandem mehr zu Hause persönlich erzählen können. Denn je nach Geschwindigkeit des Raumschiffes würde sich die von der Relativitätstheorie hieb- und stichfest nachgewiesene Zeitdilatation vollends entfalten und zugleich bedingen, dass der mit Fast-Lichtgeschwindigkeit reisende interstellare Raumfahrer die Erde erst Jahrtausende nach seinem Start wiedersehen und betreten könnte. Dann träfe er nach seiner Heimkehr auf keinen Verwandten, Bekannten oder Partner mehr, den er in die Arme schließen könnte. Die Zeitdilatation kennt keine Gnade. Die Konsequenzen der Relativitätstheorie bekämen alle Lebewesen im All zu spüren – auch die fernen Nachkommen der Ankömmlinge aus dem All. Um zu erfahren, wer denn diese Personen sind, die behaupten, vor 5000 Jahren als Botschafter der Erde zum Stern Epsilon Eridani geflogen zu sein, müssten uralte Chroniken studiert oder Historiker befragt werden. Aber auch von der Reise selbst würde man auf der Erde kaum etwas erfahren, denn die einzige Möglichkeit, mit den Astronauten während ihrer Reise zu kommunizieren, wäre mittels elektromagnetischer Strahlung. Allerdings können auch diese Wellen sich nur mit Lichtgeschwindigkeit ausbreiten. Eine Nachricht aus 50 Lichtjahren Entfernung ist 50 Jahre unterwegs, und eine Antwort braucht wiederum 50 Jahre, sodass jegliche Form eines Dialogs wegfiele. Das Problem von Transport und Information kann von den Science-Fiction-Autoren also nur gelöst werden, wenn sie an den uns bekannten Naturgesetzen vorbei einen überdimensionalen Raum erfinden, in dem die Lichtschranke, die Zeitdilatation und alle damit einhergehenden Folgen nicht existent sind: den Hyperraum.

Der Hyperraum ist grenzenlos, kennt keine Energieschranke, ist zeitlos und ohne jede größere Gefahr und Anstrengung zu durchqueren. Unser normaler Weltraum mit seinen drei räumlichen Dimensionen und seiner Zeitdimension reicht für die Science-Fiction-Welt bei weitem nicht aus. Deshalb bemühen die Autoren die allerneuesten Theorieansätze zur Quantengravitation, um das Konzept des Hyperraums zu begründen. So wird zum Beispiel die Stringtheorie, die mindestens elf Dimensionen postuliert, als Zeuge aufgerufen. Auch die im Science-Fiction-Kosmos oft instrumentalisierten Schwarzen Löcher werden gerne als Eingangstor in diesen überdimensionalen Raum verwendet.

Immerhin ist dies im «Star Wars»-Kosmos nicht der Fall. Hier bleibt Lucas auf dem Boden der physikalischen Tatsachen. Selbst seine Hauptfigur Han Solo hatte mit Schwarzen Löchern nicht viel am Hut, wie sein zuvor erwähnter und mythischer «Korsalflug» zeigt. Im Englischen heißt dieser «Kessel Run». «Kessel» ist ein Planet, auf dem das sogenannte «Spice» abgebaut wird. Die Kessel-Route ist jener Weg zum Planeten, den Schmuggler zurücklegen müssen, um das begehrte «Spice» an die Zwischenhändler zu verkaufen. Da ein Direktflug zu dieser Welt aufgrund eines nahegelegenen Schwarzen Loches nicht möglich ist, müssen die Schleichhändler die Schwerkraftfalle weiträumig umfliegen. Dafür ist eine Strecke von 14 Parsec erforderlich, die Han Solo jedoch, so die fiktive Legende, mit einem riskanten Manöver um zwei Parsec verkürzt haben soll. Solo durchflog kein Schwarzes Loch, sondern umflog ein selbiges – aber eben nicht mit einer Geschwindigkeit von zwölf Parsec.

Die «Force» und das Higgs-Feld

In der Philosophie- und Ideengeschichte mögen schon viele Gelehrte den Versuch unternommen haben, eine Antwort auf die Frage zu finden, was die Welt im Innersten zusammenhält beziehungsweise welche unsichtbare Kraft, Energie, deterministische Konstante oder ontologische Entität das «Universum» durchdringt und prägt. Für den großen griechischen Philosophen Platon war es die «Weltseele», ein abstraktes, immaterielles Etwas, das die Materie des ganzen Kosmos ausfüllt. Die antiken Stoiker rezipierten zwar diesen Gedanken, definierten die «Weltseele» aber völlig anders. Für sie war der Kosmos von einem feinstofflichen *Pneuma* (Hauch) durchzogen, also von einer Energieform durchdrungen, die aus einem ätherischen Urstoff besteht. Der Kosmos sei eine Art Lebewesen, das über Sein und Seele verfüge, so der Kern ihrer *Pneuma*-These.

Es ist natürlich nur einem filmhistorischen Zufall zu verdanken, dass die Worte eines der größten fiktiven Philosophen, den der cineastische Kosmos je hervorgebracht hat, mit viel Phantasie ein wenig ähnlich klingen: «Die ‹Macht› ist mein Verbündeter, und ein mächtiger Verbündeter ist sie. Das Leben erschafft sie, bringt sie zur Entfaltung. Ihre Energie umgibt uns, verbindet uns mit allem. Erleuchtete Wesen sind wir, nicht diese rohe Materie», erklärt kein Geringerer als der körperlich kleine, aber geistig-intellektuell große Meister Yoda seinem Schüler Luke Skywalker in «Episode V – Das Imperium schlägt zurück» emphatisch. «Du musst sie fühlen, die ‹Macht›, die dich umgibt. Hier, zwischen dir, mir, dem Baum, dem Felsen dort. Überall! Selbst zwischen dem Sumpf und dem Schiff.»

Es war in «Star Wars» die bis dahin erste genauere Spezifizierung des Wesens der «Macht», die ihre Wirkung auf die Fans nicht verfehlte. War doch darin nicht von einem personalisierten Gott die Rede, nein, die «Macht» gerierte sich vielmehr als eine jedem Lebewesen immanente Entität, die nicht stumm vor sich hin existierte, sondern für denjenigen spür- und hörbar war, der sich ihr zu öffnen vermochte. Umso größer war der Schock in der Fandom, als George Lucas in der Prequel-Trilogie die «Force» entzauberte und mit einer reduktionistisch-biologistischen Erklärung aufwartete, die nur bei Positivisten Gefühle der Sympathie zu erwecken vermochte. Diejenigen, die in seinem Weltraummärchen über die «Macht» verfügten, wurden zu Infizierten degradiert, in deren Körperzellen überall mikroskopisch kleine Lebewesen eingedrungen waren, sogenannte «Midi-Chlorianer». Lucas entzog der allgegenwärtigen «Force» ihr mystisches Fundament und erstickte jeden weiteren Anflug von metaphysischer Romantik im Keim. Es war das erste Mal, dass der kreative Filmemacher ein zentrales Element seiner «Space Opera» fiktiv-wissenschaftlich zu erklären versuchte. Und ausgerechnet dabei zog er den Unmut der Fans auf sich.

Vielleicht hätte Lucas auf die unbeliebten Midi-Chlorianer in seiner Prequel-Trilogie verzichtet, wäre ihm die Higgs-Feld-Theorie bekannt gewesen und damit das Higgs-Teilchen, das der englische Physiker Peter Higgs bereits 1964 mit François Englert vorhersagte und dessen Existenz 2012 mit der Teilchenbeschleunigeranlage am CERN in Genf nachgewiesen wurde.

Die Idee, die dahintersteckt, ist so einfach wie genial. Laut Theorie erhalten die Partikel auf subatomarer Ebene ihre Masse dadurch, dass sie sich durch ein Kraftfeld, das sogenannte «Higgs-Feld», bewegen. In ihm sind Higgs-Bosonen die charakteristischen Vermittlerteilchen, die weder einen Spin noch eine Ladung besitzen. Während das Higgs-Feld die Bewegung aller Teilchen abbremst, gewinnen Elektronen, Neutrinos, Quarks, aber auch

W- und Z-Bosonen zeitgleich an Masse. Da das Feld auf bestimmte Partikelarten stärker reagiert als auf andere, kommen somit unterschiedliche Massen zustande. Auf eine einfache Formel gebracht, bedeutet dies: Je intensiver ein Teilchen mit dem Higgs-Feld wechselwirkt, desto größer wird seine Masse. Fakt ist jedenfalls, dass die Energiefelder, die die Higgs-Teilchen umgeben, das gesamte Universum auf jeder noch so kleinen Skala durchsetzen. Es ist ein Feld, das die gesamte Welt durchwabert und Yodas Definition von der «Macht» – vor allem die Passage «ihre Energie umgibt uns, verbindet uns mit allem» – in einem anderen Licht erscheinen lässt. Schließlich wäre der Gedanke physikalisch legitim, das Higgs-Energiefeld anzuzapfen, um damit in sich selbst positive und negative Eigenschaften zu verstärken. Zumindest für begnadete Regisseure à la George Lucas.

Gleichwohl werden noch Dekaden intensiver Forschung nötig sein, um hinter das Geheimnis des Higgs-Feldes zu schauen und seine Mechanismen vollends zu verstehen. Sicher ist jedenfalls, dass die fundamentalen Eigenschaften der allerkleinsten Teilchen mit der Entwicklung des expandierenden Universums aufs allerengste verbunden sind, spielte doch das Higgs-Feld eine ganz besonders wichtige Rolle, als das Universum weitaus kleiner war als ein Atomkern. Da der Quantenmechanik zufolge alle Eigenschaften – ob Ort oder Zeit, Impuls oder Energie – naturgemäß um bestimmte Werte pendeln, gilt diese Maxime ebenso für alle Kraft- und Energiefelder, nicht zuletzt auch für das Higgs-Feld. Schwingt etwa ein Energiefeld wie das Higgs-Feld über seine Grenzen hinaus, setzt sich mitunter ein einmaliger, nicht wiederholbarer Vorgang in Gang, der in Fachkreisen als «große Inflation» (lat. *Inflationis* = Anschwellen, Aufblasen) bekannt ist. Genau dies könnte vor 13,7 Milliarden Jahren unmittelbar nach dem Urknall (Big Bang) geschehen sein. Damals pendelte das schwankende

Higgs-Feld, welches das Universum erfüllte, offenbar in einen Energiebereich, in dem es eigentlich nicht pendeln sollte. Eine winzige Fluktuation im Raum-Zeit-Gefüge reichte dann aus, um ein folgenschweres Ereignis auszulösen. In gewisser Weise eine Erschütterung der «Macht», würde hierzu ein naturwissenschaftlich denkender Jedi-Ritter anmerken.

Zuvor noch in einem «falschen» Zustand gefangen, fand das Universum blitzartig zu seinem «richtigen» zurück. Just einem solchen sprunghaften Vorgang war das Universum unmittelbar nach dem Urknall ausgesetzt. Die bei dem «Sprung» freiwerdende exorbitant hohe antigravitative Energie setzte den Mechanismus der Inflation in Gang. Innerhalb eines Zeitraums von 10^{-35} bis 10^{-30} Sekunden nach dem Urknall blähte sich das All um den gigantisch unvorstellbaren Faktor 10^{50} auf. Nach dem Urknall, aber noch vor der Inflation legte somit das Higgs-Feld das Schicksal des Universums irreversibel fest. Hätte es nur um eine Nuance anders geschwankt, wären mitnichten komplex strukturierte Gehirne entstanden, die hier und heute über Gott und die Welt und die Astrophysik von «Star Wars» sinnieren könnten.

Irgendetwas von «Macht» war also tatsächlich im Spiel, als in archaischen Zeiten die Weichen für die kosmisch-geologisch-biologische Evolution gestellt wurden. Sie könnten vielleicht sogar das Aufkommen von Kulturen begünstigt haben, die sich vor langer, langer Zeit in einer fernen Galaxie bekämpft und interstellare Kriege geführt haben. Möge auch in diesen räumlich wie zeitlich fernen Welteninseln stets das Gute über das Böse gesiegt haben.

Dank

Dieses Buch ist die Fortsetzung eines Projekts, das seinen Anfang in einer Sonderausgabe des «Philosophie Magazins» im November 2015 genommen hat. Einige Texte sind Wiederabdrucke aus dieser Ausgabe, andere sind neu dazugekommen.

Ich danke allen Autoren der ursprünglichen «Philosophie Magazin»-Publikation für die Erlaubnis zum Wiederabdruck und den neugewonnenen Autoren für den Enthusiasmus, mit dem sie sich in die Philosophie von «Star Wars» gestürzt haben. Großer Dank gebührt ferner all meinen Kollegen vom «Philosophie Magazin» für die vielen Anregungen und ernsthaften sowie nicht ernsthaften Gespräche über die Philosophie von «Star Wars» und ganz besonders Sven Ortoli, mit dem ich die ursprüngliche Sonderausgabe in enger Zusammenarbeit gemeinsam entwickelt habe.

Anhang

Die Filme

Ursprüngliche Trilogie

1977: Episode IV – Star Wars: Eine neue Hoffnung (A New Hope)

Luke Skywalker und Prinzessin Leia Organa führen eine Rebellenallianz zum Sieg gegen das böse Imperium und zerstören den «Todesstern».

1980: Episode V – Das Imperium schlägt zurück (The Empire Strikes Back)

Luke Skywalker wird von Meister Yoda zum Jedi-Ritter ausgebildet und kämpft gegen seinen Vater Darth Vader.

1983: Episode VI – Die Rückkehr der Jedi-Ritter (Return of the Jedi)

Das Imperium baut einen neuen Todesstern, Luke und Leia erfahren, dass sie Geschwister sind, und Darth Vader opfert sich für seinen Sohn und tötet den bösen Imperator.

«Prequel»-Trilogie

Spielt ca. 30 Jahre vor der ursprünglichen Trilogie.

1999: Episode I – Die dunkle Bedrohung (The Phantom Menace)

Die Jedi-Ritter Obi-Wan Kenobi und Qui-Gon Jinn helfen Padmé Amidala, der Königin des Planeten Naboo, im Kampf gegen die böse Handelsföderation; Qui-Gon Jinn findet Anakin Skywalker, ein außerordentlich «Force»-begabtes Kind, und nimmt es unter seine Fittiche.

2002: Episode II – Angriff der Klonkrieger
(Attack of the Clones)

Obi-Wan Kenobi und der herangewachsene Anakin Skywalker helfen Padmé Amidala gegen weitere böse Machenschaften und entdecken eine Klonarmee. Anakin und Padmé Amidala verlieben sich ineinander.

2005: Episode III – Die Rache der Sith
(Revenge of the Sith)

Senator Palpatine reißt die Macht an sich, beendet die Republik und ruft das Galaktische Imperium aus; er stellt sich als übler Sith-Lord heraus und verführt Anakin zur dunklen Seite der Macht. Obi-Wan kämpft gegen Anakin und lässt ihn schwer verletzt zurück; vom bösen Imperator gerettet, wird er zur Mensch-Maschine Darth Vader. Padmé Amidala bringt die Zwillinge Luke und Leia zur Welt und stirbt.

«Sequel»-Trilogie

Spielt etwa 30 Jahre nach der ursprünglichen Trilogie.

2015: Episode VII – Das Erwachen der Macht
(The Force Awakens)

Die Lumpensammlerin Rey trifft auf den abtrünnigen Sturmtruppler Finn und beide zusammen auf die in die Jahre gekommenen Helden Han Solo und Prinzessin Leia. Letztere führt eine Rebellenallianz, die gegen eine neu erwachsene dunkle Macht kämpft, welche wieder eine Art Todesstern baut. Rey besiegt den Anführer Kylo Ren, den zur dunklen Seite gewechselten Sohn von Prinzessin Leia und Han Solo, der sich bis hin zum Tragen einer schwarzen Maske mit seinem Großvater Darth Vader identifiziert.

Zwei weitere Episoden werden folgen; Episode VIII soll 2017 in die Kinos kommen, Episode IX 2019.

«Spin-off»-Filme («Anthology»-Filme)

Filme, die im «Star Wars»-Universum spielen, aber ohne dessen Hauptpersonal auskommen.

2016: Rogue One – A Star Wars Story

Spielt zwischen den Episoden III und IV. Eine Gruppe von Kämpfern versucht die Pläne für den Todesstern zu stehlen.

Zwei weitere Anthology-Filme sind für 2018 und 2020 geplant.

«Extended Universe» – Erweitertes Universum

Das «Star Wars»-Universum wird außer in den Spielfilmen auch noch in einer Fülle von Romanen, Comics, Videospielen und Zeichentrickfilmen ausgebreitet. Und hat in Form von Merchandising-Produkten – vom Death-Star-Pyjama bis zum Darth-Vader-Toaster – unseren Alltag in Besitz genommen.

Autorinnen und Autoren

Jörn Ahrens

ist Professor für Kultursoziologie an der Universität Gießen und beschäftigt sich schwerpunktmäßig mit dem Thema Gewalt und Gesellschaft sowie mit populären Medien. Jüngste Veröffentlichungen: «Wie aus Wildnis Gesellschaft wird. Kulturelle Selbstverständigung und populäre Kultur am Beispiel von John Fords Film *The Man Who Shot Liberty Valance*» (VS Verlag 2012), «The Wire. Analysen zur Kulturdiagnostik populärer Medien» (mit Michael Cuntz, Lars Koch, Marcus Krause, Philipp Schulte, Springer VS 2014), «Einbildung und Gewalt. Film als Medium gesellschaftlicher Konfliktbearbeitung» (Bertz + Fischer 2016).

Julian Baggini

Der britische Philosoph ist Mitbegründer und Redakteur von «The Philosophers' Magazine». Er ist Verfasser zahlreicher Bücher, in denen er philosophische Themen für ein breites Publikum zugänglich macht, unter anderem: «Atheism: A Very Short Introduction» (Oxford University Press 2003), «What's It All About? Philosophy and the Meaning of Life» (Granta 2004), «Freedom Regained: The Possibility of Free Will» (Granta 2015).

Yves Bossart

studierte Philosophie in Zürich, Heidelberg und Berlin und wurde an der Humboldt-Universität zu Berlin mit einer Arbeit über «Ästhetik nach Wittgenstein» promoviert. Er ist Redakteur der «Sternstunde Philosophie» des Schweizer Fernsehens SFR und unterrichtet als Gymnasiallehrer Philosophie. 2014 erschien sein Buch «Ohne Heute gäbe es morgen kein Gestern. Philosophische Gedankenspiele» (Blessing).

Pierre Cassou-Noguès

Der Philosoph und Wissenschaftshistoriker lehrt als Professor an der Universität Paris VIII. Er beschäftigt sich mit der französischen Philosophie der Mathematik im 20. Jahrhundert, der Geschichte und Philosophie der Logik nach Gödel und mit Maschinenvorstellungen in Wissenschaft und Literatur. Zu seinen Veröffentlichungen zählen unter anderem: «Une Histoire de Machines, de Vampires et de Fous» (Vrin 2007) sowie «Les Rêves cybernétiques de Norbert Wiener» (Seuil 2014).

Wolfram Eilenberger

Der promovierte Philosoph ist Chefredakteur des deutschen «Philosophie Magazins». Er ist Autor zahlreicher philosophischer Sachbücher. Außerdem ist er als Fußballspieler Mitglied der Deutschen Autorennationalmannschaft und schreibt als Kolumnist regelmäßig für «Die Zeit» und andere überregionale Medien. Veröffentlichungen unter anderem: «Lob des Tores – 40 Flanken in Fußballphilosophie» (BTV 2006), «Finnen von Sinnen: Von einem, der auszog, eine finnische Frau zu heiraten» (Blanvalet 2010), «Der Tatort und die Philosophie. Schlauer werden mit der beliebtesten Fernsehserie» (Tropen 2014).

Tristan Garcia

lehrt Philosophie an der Universität Lyon und hat Werke unter
anderem zur Ontologie und zur Tierethik veröffentlicht. Darüber hinaus ist er Autor mehrerer Romane; sein Erstling «La
meilleure part des hommes» erhielt 2008 den Prix de Flore und
erschien 2010 auf Deutsch unter dem Titel «Der beste Teil der
Menschen» (Frankfurter Verlagsanstalt). Weitere Veröffentlichungen : «Mémoires de la jungle» (Gallimard 2010), «Forme et
objet. Un traité des choses» (PUF 2011).

Thomas Groh

studierte Film-, Kultur- und Medienwissenschaft in Berlin.
Davor, währenddessen und seitdem schreibt er als freier Film-
historiker, -kurator und -kritiker für die «tageszeitung», «Frei-
tag», «Filmblatt», «DeutschlandradioKultur», «Perlentaucher»
und das Zeughauskino im Deutschen Historischen Museum.
Daneben zahlreiche Buchbeiträge, so zu «David Cronenberg»,
«Dawn of an Evil Millennium: Horror und Kultur im Neuen
Jahrtausend» und «Dario Argento: Anatomie der Angst».

Linus Hauser

ist Theologe und Literaturtheoretiker und war bis 2016 Professor für systematische Theologie an der Universität Gießen.
Er hat intensiv zur Übernahme von religiösen und mythologischen Motiven im Film und in der modernen Populärkultur geforscht. Veröffentlichungen unter anderem: ««Möge die
Macht mit dir sein!› Science-fiction und Religion» (Frankfurt
am Main 1998); «Jenseitsreisen. Der religionsgeschichtliche
Kontext der Science Fiction» (Phantastische Bibliothek Wetz-

lar 2006), «Scientology. Geburt eines Imperiums» (Verlag Ferdinand Schöningh 2010), «Kritik der neomythischen Vernunft» (3 Bände, Verlag Ferdinand Schöningh 2004–2016).

Alexandre Lacroix

Der Schriftsteller und Journalist studierte Philosophie und Wirtschaftswissenschaften und arbeitete in einer Werbeagentur, bevor er sich als Romancier und Essayist einen Namen machte. Seit 2006 ist er Chefredakteur des französischen «Philosophie Magazine». Auf Deutsch erschien von ihm zuletzt bei Matthes & Seitz das Buch «Kleiner Versuch über das Küssen» (2013).

Alexis Lavis

ist Dozent an der Universität Rouen, Übersetzer klassischer Werke der chinesischen und indischen Philosophie und Spezialist für ostasiatische Denktraditionen und für den interkulturellen Vergleich asiatischer mit westlicher Philosophie. Er ist Autor von «Préceptes de vie de Confucius» (Seuil 2009), «L'espace de la pensée chinoise – Confucianisme – taoisme – bouddhisme» (Oxus 2010) und «Paroles de sages chinois» (Seuil 2013).

Clotilde Leguil

Die promovierte Philosophin und ausgebildete Psychoanalytikerin arbeitet an der Schnittstelle zwischen Philosophie und Psychoanalyse, etwa in ihrem Werk über Sartre und Lacan («Sartre avec Lacan: corrélation antinomique, liaison dangereuse», Navarin 2012). Sie lehrt am Institut für Psychoanalyse der Universität Paris VIII und hat sich in zahlreichen kulturtheoretischen und psychoanalytisch inspirierten Veröffentlichungen mit zeitgenössischem Film und Fernsehen und mit der Theorie der Geschlechter auseinandergesetzt, unter anderem: «In Treatment. Lost in therapy» (PUF, 2013), «L'être et le genre. Homme / Femme après Lacan» (PUF, 2015).

Harald Lesch

ist Astrophysiker, Naturphilosoph und begeisterter, aber kritischer Science-Fiction-Fan. Er ist Professor für Physik an der LMU München und arbeitet zudem als Wissenschaftsjournalist und Fernsehmoderator. Er moderiert die Terra-X-Reihe *Faszination Universum*, das Wissenschaftsmagazin *Leschs Kosmos* und die Wissenschaftssendung *Frag den Lesch*. Veröffentlichungen unter anderem: «Die kürzeste Geschichte allen Lebens» (mit Harald Zaun, Piper 2008), «Der Außerirdische ist auch nur ein Mensch. Unerhört wissenschaftliche Erklärungen» (Knaus 2010), «Urknall, Weltall und das Leben» (mit Josef M. Gaßner, Komplett-Media 2012).

Nils Markwardt

studierte Literatur- und Sozialwissenschaft an der Humboldt Universität Berlin. Er ist Redakteur bei «Der Freitag» und dem «Philosophie Magazin». Als freier Autor arbeitet er auch für «Zeit Online», «Deutschlandradio Kultur», und die «tageszeitung». Zuletzt erschien von ihm der Essay «New Deal, bitte! – Reden über die Flüchtlingskrise» (Hanser 2016).

Baptiste Morizot

lehrt Philosophie an der Universität Aix-Marseille. In seinen Arbeiten beschäftigt er sich mit der Beziehung zwischen dem Menschen und dem Lebendigen. Veröffentlichungen: «Les Diplomates. Cohabiter avec les loups sur une nouvelle carte du vivant» (Wildproject Editions 2016) und «Pour une théorie de la rencontre. Hasard et individuation chez Gilbert Simondon» (Vrin 2016).

Tobie Nathan

Der 1948 in Kairo geborene Psychologe und Ethnologe war Professor für Psychologie an der Universität Paris VIII. Er gilt als der bedeutendste Schüler von Georges Devereux, dem Begründer der Ethnopsychoanalyse. Neben seinen zahlreichen wissenschaftlichen Publikationen ist er auch als Romanautor erfolgreich; für seine literarischen Arbeiten wurde Tobie Nathan zum Ritter des «Ordre des Arts et des Lettres» erhoben. Auf Deutsch ist von ihm erschienen «Verliebt machen. Warum Liebe kein Zufall ist» (Berlin Verlag 2014).

Catherine Newmark

ist promovierte Philosophin. 2008 erschien von ihr «Passion – Affekt – Gefühl. Philosophische Theorien der Emotionen zwischen Aristoteles und Kant» (Meiner). Nach einigen Jahren als wissenschaftliche Mitarbeiterin am Institut für Philosophie der Freien Universität Berlin arbeitet sie heute als freie Kulturjournalistin mit Schwerpunkt Film, Philosophie und Geisteswissenschaften. Beim «Deutschlandradio Kultur» ist sie als Autorin und Redakteurin tätig, beim «Philosophie

Magazin» verantwortet sie die Sonderausgaben. Außerdem ist sie Kolumnistin für «Zeit Online» und für das «Nordwestradio».

Tomáš Sedláček

lehrt Wirtschaftsgeschichte und Philosophie an der Karls-Universität in Prag, ist Chefökonom der Tschechoslowakischen Handelsbank und Mitglied des Nationalen Wirtschaftsrates. In seinem vielbeachteten Buch «Die Ökonomie von Gut und Böse» (Hanser 2012) unternahm er eine grundlegende Kritik des modernen Wirtschaftsdenkens. Jüngste Veröffentlichungen: «Lilith und die Dämonen des Kapitals. Die Ökonomie auf Freuds Couch» (mit Oliver Tanzer, Hanser 2015), «Revolution oder Evolution. Das Ende des Kapitalismus?» (mit David Graeber und Roman Chlupatý, Hanser 2015).

Harald Zaun

ist promovierter Historiker und studierter Philosoph mit naturwissenschaftlichem Hintergrund. Er arbeitet in Köln als freiberuflicher Wissenschaftsautor und Wissenschaftshistoriker, unter anderem für die «Welt», «Welt am Sonntag», «Süddeutsche Zeitung», «Frankfurter Rundschau», «FAZ Online» und «Spiegel Online» sowie auch regelmäßig für das mehrfach preisgekrönte Online-Magazin «Telepolis». Veröffentlichungen unter anderem: «Die kürzeste Geschichte allen Lebens» (mit Harald Lesch, Piper 2008), «SETI – Die wissenschaftliche Suche nach außerirdischen Zivilisationen» (Heise 2010).

Slavoj Žižek

Der slowenische Philosoph und Psychoanalytiker gehört mit seinen zahlreichen pointierten politischen Interventionen zu den einflussreichsten Intellektuellen Europas. Er hat breit zur Psychoanalyse, zu Lacan, Hegel und zum deutschen Idealismus publiziert sowie sich auch immer wieder popkulturellen Themen gewidmet. Jüngste Veröffentlichungen: «Weniger als nichts. Hegel und der Schatten des dialektischen Materialismus» (Suhrkamp 2014), «Ärger im Paradies. Vom Ende der Geschichte des Kapitalismus» (Fischer 2015), «Der neue Klassenkampf. Die wahren Gründe für Flucht und Terror» (Ullstein 2015).

Cédric Delsaux

wurde 1974 geboren. Er studierte Literatur- und Filmwissenschaft und arbeitet seit 2002 als Fotograf in Paris. In seiner Fotoreihe «Dark Lens», die mehrfach in Einzelausstellungen präsentiert wurde, stellt er Personen und Objekte aus «Star Wars» in stumme Stadtkulissen des 21. Jahrhunderts und eröffnet so Einblicke in die Fiktion inmitten der Realität. Veröffentlichungen u.a.: «Nous resterons sur Terre» (Verlhac éditions 2008), «Dark Lens» (Éditions Xavier Barral 2011), «Zone de Repli» (Éditions Xavier Barral 2014).

Das für dieses Buch verwendete Papier ist FSC®-zertifiziert.